Im Lauf eines Jahres fallen im Garten verschiedene Tätigkeiten an. Manche sind jahreszeitlich gebunden, manche laufen über die gesamte Vegetationszeit.

FRÜHLING

SOMMER

WOLFGANG HENSEL

GARTEN SPASS für Einsteiger

Erfolgreich Gärtnern – so gelingt's immer
Wichtige Handgriffe Schritt für Schritt

Über 350 Farbfotos von Ursel Borstell, Wolfgang Redeleit, Jürgen Becker, Marion Nickig und anderen Gartenfotografen

Illustrationen von Renate Holzner

Inhalt

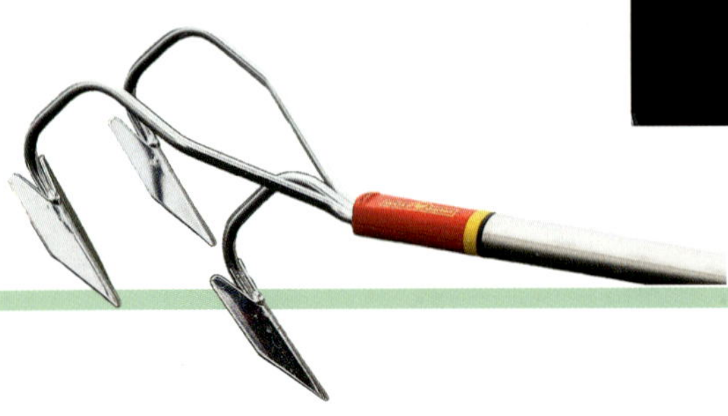

Garten gestalten

Garten pflegen

Garten pflegen

Die Voraussetzungen

Einen Garten als persönlichen Erlebnisraum zu gestalten und zu pflegen, gehört zu den schönsten und befriedigendsten Freizeitaktivitäten.

Mit einigen Grundkenntnissen, viel Begeisterung und Engagement läßt sich jedes Grundstück in einen ansprechenden, ganz persönlichen Garten verwandeln.

Die Anlage eines Gartens

Einen Garten anzulegen, erfordert einen gewissen Aufwand an Planung und praktischer Arbeit. Je genauer Sie sich im Vorfeld über Ihre Wünsche und Möglichkeiten klarwerden, desto eher entspricht das Ergebnis Ihren Vorstellungen.

Die Anlage eines Gartens läßt sich grob in vier Schritte gliedern:

1. Welchen Gartentyp wünschen Sie sich? Sind Sie bereit, regelmäßige Pflegearbeiten durchzuführen, oder wollen Sie einen pflegeleichten Garten?
2. Welche Möglichkeiten läßt das Grundstück zu? Auf ebenen Flächen bestimmt allein die Größe des Gartens die Gestaltungsmöglichkeiten. Ist die Fläche jedoch geneigt oder stark beschattet, müssen Sie sich diesen Bedingungen anpassen.
3. Wie soll der Garten gestaltet werden? Gliedern Sie geschickt die vorhandene Fläche und bringen Sie die verschiedenen Teile des Gartens durch Auswahl von Farben und Formen optimal zur Geltung.
4. Welche Arbeiten sind erforderlich? Hierzu gehört das Pflanzen und die regelmäßige Pflege des Gartens. Versuchen Sie möglichst, nach dieser Reihenfolge vorzugehen.

Die Vorgehensweise

Ein leeres Grundstück kann Zug um Zug – beginnend mit der Planung – in den Garten umgewandelt werden, den man sich wünscht. Andererseits enthalten alte Gärten gewachsene Strukturen, die der Fläche schon eine gewisse Reife verleihen. Hier kommt es darauf an, bereits vorhandene Elemente in das eigene Konzept zu integrieren, bzw. unerwünschte Mauern, Wege, Bäume und Sträucher zu entfernen. Bevor Sie mit Spaten und Pflanzen in Ihrem Garten zu wirken beginnen, sollten Sie sich die folgenden Seiten durchlesen.

Ein Garten mit Teich und Rabatten benötigt relativ viel Pflege – ist aber auch besonders schön.

Was will ich?

Im Vorfeld jeglicher Planung sollte sich jeder »frische« Gartenbesitzer darüber klarwerden, welche Art Garten er sich wünscht. Davon hängt sowohl die Gestaltung als auch die Auswahl der Pflanzen und vor allem der spätere Pflegeaufwand ab.
Ein intensiv genutzter Garten mit Grillplatz und Spielgeräten für die Kinder wird gänzlich anders aussehen als ein von Blütenstauden dominierter Garten.
Wer seine Erfüllung darin findet, oft und gerne körperlich im Garten zu arbeiten – vielleicht sogar einige Nutzpflanzen anzubauen –, wird sicher kein Verständnis bei einem Gartenbesitzer finden, der am liebsten im bequemen Sessel oder Liegestuhl seine Gedanken schweifen läßt.

Der rasenbetonte Garten
Ein Garten mit mehr oder weniger großer Rasenfläche verlangt die geringste Aufmerksamkeit. Ist der Rasen erst angelegt, hält sich der Pflegeaufwand in überschaubaren Grenzen – viel Zeit für »faule« Stunden. In Kombination mit Strauchbeeten erreicht man bei diesem Gartentyp maximale Gartenfreude bei minimalem Aufwand. Da eine homogene, grüne Rasenfläche rasch langweilig wirkt, sollten Sie mit der Form des Rasens »spielen«. Schräg verlaufende oder geschwungene Abschlüsse wirken spannender als gerade Kanten. Ein Baum oder großer Strauch im Rasen, eine Laube oder Pergola oder eine Skulptur sorgen für Blickpunkte.

Der strauchbetonte Garten
Es steckt schon im Wort: »Garten« geht auf das indogermanische ghorto oder ghordho zurück, womit nicht die Fläche, sondern die Begrenzung des Gartens gemeint ist. Beinahe jeder Gartenbesitzer kennt den unwiderstehlichen Drang, sein Eigentum durch einen Zaun oder eine Hecke einzufrieden (»Sichtschutz«). Wird die Hecke in Form eines Strauchbeetes aus unterschiedlich hohen Gehölzen gestaffelt, entsteht ein strauchbetonter Garten. Wie beim Rasen ist der Arbeitsaufwand gering. Wählt man Sträucher aus, die zu unterschiedlichen Zeiten blühen, bunte Früchte ausbilden oder verschieden gefärbtes Herbstlaub tragen, ist ein Strauchbeet ein vollwertiger Ersatz für eine Staudenrabatte.
Ist der Garten groß genug, können inselartig gepflanzte Sträucher, insbesondere mit schönen Blüten, die Blicke auf sich ziehen. Gleichzeitig entstehen dahinter verborgene Räume, die zur Gliederung des Gartens beitragen.

Auflockern mit Kübelpflanzen
Kübelpflanzen sorgen überall für Farbenpracht und verschönerndes Grün.

Der Bauerngarten
Verschwenderische, üppige Blütenpracht, gepaart mit Nutzpflanzen und Kräutern – so sieht ein Bauerngarten aus. In Bauerngärten ist kein Platz für eine Rasenfläche – allenfalls eine Laube am Ende eines Weges lädt zum Verweilen ein.
Bauerngärten sind allerdings recht pflegeintensiv. Sie dürfen nur bis zu einem bestimmten Grad vernachlässigt werden, sonst wuchern sie zu und sehen unschön aus: Die Nutzpflanzen wollen gesät, gepflegt und geerntet, die Stauden regelmäßig geteilt und beschnitten werden. Bedenken Sie, daß ein »echter« Bauerngarten mit Wegekreuz und Zentralbeet viel Platz beansprucht (mindestens 20 m^2). Trennen Sie in großen Gärten einen entsprechenden Bereich mit einer Hecke (z.B. mit Beerensträuchern)

Staudenbeete oder Blumenrabatten erfordern die größte Planung und Pflege.

und einem begrünten Torbogen ab. In kleineren Gärten stellt ein Cottage-Garden-Beet mit blühenden Stauden einen guten Kompromiß dar.

Der rabattenbetonte Garten

Ein prachtvoll blühendes Staudenbeet gehört sicher zum Schönsten, was ein Garten bieten kann. Der Arbeitsaufwand ist jedoch noch höher als bei einem Bauerngarten. Eine Rabatte verlangt eine gezielte Planung bei der Pflanzenauswahl. Die Stauden müssen nach Blütenfarbe, Blühperiode und Wuchsform ausgewählt werden, damit das Beet während der gesamten Wuchsperiode attraktiv bleibt. Entscheiden Sie sich zunächst für ein einfaches Farbthema (Ton-in-Ton) – solche Beete sind einfacher zu gestalten als bunte Flächen.

Während Bauerngärten durchaus ein wenig »verwildert« aussehen dürfen – das trägt sogar zu ihrem Charme bei –, müssen die Stauden einer Rabatte stets in optimalem Zustand sein.

Von allen Gartentypen verlangt daher ein Garten mit Blumenrabatten die meiste Vorausplanung, den höchsten Arbeitsaufwand und eine hingebungsvolle Pflege.

EXPERTENTIP

Je prächtiger der Garten, desto mehr Arbeit.

QUERVERWEISE

Rasen anlegen Seite 38 – 41

Sträucher pflanzen Seite 46/47

Was habe ich?

Welchen Gartentyp Sie anlegen möchten, richtet sich nach den Gegebenheiten Ihres Grundstücks. Beziehen Sie die Umgebung mit ein. So wird etwa ein schöner Baum im Garten des Nachbarn zum optischen Bestandteil Ihres Gartens, wenn Sie die Grenzen mit einem Strauchbeet verwischen.

Der Stadtgarten

Auch kleine Hinterhöfe, Innenhöfe oder schmale Streifen neben dem Haus eignen sich für einen Garten. Die offensichtlichen Nachteile – geringe Größe, Schattenflächen, Begrenzungsmauern – lassen sich durchaus ins Positive verkehren. Versuchen Sie nicht, Weite vorzutäuschen, sondern betrachten Sie die Gartenfläche als eine Art »Wohnzimmer im Grünen«. Legen Sie einen Sitzbereich mit Natursteinen, Platten, Kies oder Holzdecks an. Begrünen Sie begrenzende Mauern und entscheiden Sie sich für kleine, robuste Sträucher oder kräftige Stauden. Strukturieren Sie die Fläche durch unterschiedlich hohe Hochbeete auch in der Höhe.

Der Einzel- oder Reihenhausgarten

Die zur Verfügung stehenden Flächen für einen Einzel- oder Reihenhausgarten sind meist begrenzt (80 – 150 m^2). Ziehen Sie deshalb, ehe Sie sich mit einer dichten Koniferenhecke vom Nachbarn abgrenzen, unbedingt auch andere Möglichkeiten in Betracht:

▶ Gestaffelte Strauchbeete oder geschickt plazierte, breitwüchsige Sträucher wirken entspannter als das einförmige Grün von Nadelbäumen.

▶ Rankgitter, begrünte Pergolen oder hohe Gewächse direkt vor der Terrasse schützen den Sitzplatz vor neugierigen Blicken.

▶ Bauen Sie in kleinen Gärten angedeutete Teilungen und Blickpunkte (Rosenbögen, begrünte Balkentore, Gehölzgruppen) ein, so wirken sie spannender und großzügiger.

▶ Legen Sie gebogene, geschwungene Rasenflächen an.

Der große Garten

Auf dem Land oder im Außenbezirk einer Stadt kann man durchaus noch relativ preisgünstige, große Grundstücke erwerben.

▶ Beziehen Sie bei Gärten dieser Art die Landschaft mit ein: Lenken Sie mit Bäumen, Sträuchern oder bewachsenen Bögen und Toren den Blick alleeartig auf eine Kirche, ein Dorf oder eine schöne Baumgruppe. So erscheint der Garten großzügig und weiter.

Ligusterhecken können relativ schmal gehalten werden und bieten guten Sichtschutz.

▶ Große Gärten sollten sich möglichst nicht von einer Stelle aus völlig übersehen lassen. Schaffen Sie daher Räume mit grünen »Wänden« – Hecken, Strauchbeete, Gehölzgruppen – oder aus gebauten Strukturen wie Bögen, Pergolen, Laubengänge und Rankgittern.

▶ Planen Sie einen zusätzlichen Sitzplatz ein.

Selbst der kleinste und schattigste Innenhof kann durch gezielte Pflanzenauswahl, Topf- und Kübelpflanzen eine grüne Oase werden.

Der Hanggarten

Schräge oder Hanggrundstücke müssen kein Nachteil sein. Fällt der Hang zum Haus hin ab, können Sie ihn terrassenartig abfangen (Stein- oder Natursteinmauern, Holzpalisaden) oder, sofern es das Gelände zuläßt, in seiner natürlichen Neigung belassen.

- Ist das Gefälle steiler als 7%, müssen Sie in einem Hanggarten Treppen oder Stufen anlegen.
- Versuchen Sie nicht, den Hang zu kaschieren, sondern machen Sie ihn mit Treppen, Stufen und Absätzen zu einem Gestaltungselement.
- Entscheiden Sie sich für Pflanzen, die kaskadenartig über Hang und Stützmauern fließen, und wählen Sie Sträucher mit flacher, ausgebreiteter Wuchsform.
- Fällt der Hang vom Haus aus ab, erzielen Sie denselben Effekt mit einem Sitzplatz am Ende des Gartens.

Problemstellen

Ein immer wieder auftretendes Problem bei der Neu- oder Umgestaltung von Gärten sind vorhandene Hecken, Mauern, Gebäude oder stabile Zäune des Nachbarn.

- Im Schatten von Gebäuden und Hecken gedeihen sonnenliebende Pflanzen nicht, hier müssen Sie auf Schattenpflanzen zurückgreifen.
- Im Windschatten von Mauern oder kompakten Hecken herrscht Trockenheit, wählen Sie Pflanzen, die damit zurechtkommen.
- Unter nadelnden Hecken, vor allem wenn sie seit Jahren stehen, ist der Boden sauer. Hier wachsen nur angepaßte Pflanzen wie Azaleen, Rhododendren oder Heidekraut.
- Unschöne Wände lassen sich meist begrünen – reden Sie jedoch vorher unbedingt mit Ihrem Nachbarn.

Gartentypen für jeden Standort

Gartentyp	Standort	Gestaltungstips
Rasengarten	Hang	Sträucher und Stützmauern als dekoratives Element
	Einzelhaus	Rasenfläche durch einschwingende Strauchbeete gliedern
	Reihenhaus	Achten Sie auf interessante Rasenformen
Bauerngarten	großer Garten	Abtrennen durch Hecke und Torbogen
	Einzel-/Reihenhaus	Anlage eines Cottage-Garden-Beetes
Strauchgarten	Stadtgarten	Kübelpflanzen für die Freiflächen
	Hang	Achten Sie auf Freiflächen zwischen den Sträuchern
	Einzel-/Reihenhaus	Offene Hecke aus Sträuchern
Rabattengarten	Stadtgarten	Schattenbeet mit Farnen und Waldstauden
	großer Garten	Rabatten gut sichtbar anlegen, vor allem vom Sitzplatz aus
	Einzel-/Reihenhaus	Lieber eine große als mehrere kleine Rabatten anlegen

EXPERTENTIP

Planen Sie Sitzplätze über alten Spielflächen.

QUERVERWEISE

Räume schaffen Seite 158/159

Sitzplätze anlegen 178/179

Grundausstattung mit Gartengeräten

Arbeitsgeräte	Das brauchen Sie	Verwendung und Tips
	**Grabgeräte** Spaten; Grabgabeln; Schaufel; Spitzhacke (bei sehr hartem Boden).	Spaten (mit T-Griff zur besseren Handhabung) zum Umgraben und Abstechen von Beeteinfassungen. Schaufel zum Verteilen von Erde oder Sand, Umsetzen von Kompost. Kaufen Sie zwei Grabgabeln, wenn Sie regelmäßig Stauden teilen.
	**Geräte zur Bodenbearbeitung** Sauzahn; Rechen; Grubber oder Kultivator.	Diese Geräte werden stark belastet, achten Sie daher unbedingt auf Qualität. Sauzahn zur Bodenlockerung; Rechen zum Glätten der Rasenaussaat; Grubber oder Kultivator zur Bodenlockerung.
	**Systemgeräte** Stiele und Handgriffe; dazu Werkzeuge für die Bodenbearbeitung, die mit Druck eingerastet werden.	Systemgeräte bieten einen großen Platzvorteil. Mit kurzem und langem Griff (je zwei) lassen sie sich universell verwenden und ersetzen die entsprechenden Festgeräte.
	**Kleingeräte** Pflanzschaufel; Pflanzholz; Zwiebelpflanzer; Handgrubber; Handhacke.	Kleingeräte werden für die knieenden Arbeiten im Beet oder zur Bepflanzung von Kübeln gebraucht. Achten Sie darauf, daß sie gut in der Hand liegen. Handgrubber sind ideal zum kleinräumigen Jäten.

Entscheiden Sie sich für Qualitätsprodukte. Die Mehrausgabe macht sich bezahlt, denn die Geräte sollen schließlich viele Jahre halten.

Arbeitsgeräte	Das brauchen Sie	Verwendung und Tips
	**Schneidegeräte** Gartenmesser (Hippe); Heckenschere (Hand- und Motorgerät); Astschere mit langen Griffen; Baumsäge; zwei Gartenscheren.	Eine Gartenschere für kleine Zweige, eine für Stauden. Stärkere Äste schneidet man mit Astschere oder Baumsäge (Wundränder mit der Hippe glätten).
	**Bewässerungsgeräte** Schlauch mit Wandhalter oder Wagen (auch Bewässerungssystem); Regner für den Rasen; Gießkanne mit feiner Brause.	Schlauchwagen sind vor allem in größeren Gärten praktisch. Bei Systemen reichen zunächst eine verstellbare Düse und ein Brausestab.
	**Rasenpflegegeräte** Rasenmäher; Fächerbesen; Kantenschneider (Hand- oder Motorgerät); Kantenstecher (zur Not tut es auch ein Spaten).	Der Rasenmäher (mit Fangkorb) sollte der Rasenfläche angemessen sein. Motormäher lohnen nur bei großen Flächen. Fächerbesen oder Rechen zum Säubern.
	**Zubehör** Handschuhe; Pflöcke und Spannschnur; Stecketiketten; Körbe und Kunststoffeimer für Gartenabfälle; Bindedraht; Schubkarre.	Tragen Sie bei Gartenarbeiten schützende Handschuhe. Bewahren Sie das Zubehör in einem stabilen Korb auf, dann bleibt alles zusammen.

Anfallende Arbeiten

Kurzinformation

Was dauert wie lange?

Gießen:
zeitaufwendig, je nach Gartengröße
Umgraben:
ca. 20 Minuten je Quadratmeter
Stauden einpflanzen:
ca. 5 Minuten je Staude
Stauden teilen:
ca. 10 Minuten je Staude
Gehölze beschneiden:
ca. 30–60 Minuten – je nach Größe
Gehölze einpflanzen:
ca. 1 Stunde je Gehölz

Wann fällt welche Arbeit an?

Frühling:
Umgraben, Stauden pflanzen, Düngen, Gehölze beschneiden, Verblühtes entfernen
Sommer:
Gießen, Verblühtes entfernen, Düngen
Herbst:
Zwiebeln, Gehölze und Stauden pflanzen, Stauden teilen

Umgraben
Regelmäßiges Umgraben stört die natürliche Bodenstruktur. Dennoch muß jeder Gartenbesitzer ab und zu zum Spaten greifen, etwa, wenn er ein neues Beet anlegt.

Stauden einpflanzen
Die Häufigkeit dieses Arbeitsganges richtet sich ganz nach den persönlichen Vorlieben des Gartenbesitzers. Wählen Sie langlebige Stauden, wenn Sie diese Mühe scheuen. Überalterte Stauden sollten jedoch von Zeit zu Zeit durch neue ersetzt oder geteilt werden. Fleißige Gärtner mit Hang zur Ästhetik werden ohnehin ihre sommerlichen Beete durch zusätzliche Einjährige aufwerten. In diesen Fällen müssen Sie häufiger zu Pflanzkelle oder Spaten greifen.

Manche Gartenarbeiten kehren regelmäßig wieder, andere dagegen fallen seltener an. Machen Sie sich mit den wichtigsten Arbeiten vertraut.

Bäume und Sträucher pflanzen

Die meisten Gehölze werden den Gartenbesitzer überleben. Umso wichtiger ist es, diesen Arbeitsschritt genau zu planen, da jeder Baum, jeder Strauch über Jahrzehnte am selben Standort stehen bleibt. Steht dem Gehölz ausreichend Raum zur Verfügung, um zu seiner Endhöhe und -breite auszuwachsen? Wie wirkt sich der zunehmende Schattenfall aus? Markieren Sie auf einem Plan Position und Durchmesser. Stellen Sie einen Stuhl an die vorgesehene Pflanzstelle. Fügt sich das »Gehölz« in den Garten ein?

Gießen und Düngen

Um diese Arbeiten kommt kein Gartenbesitzer herum, denn mineralische Nährstoffe und Wasser sind die Grundlagen pflanzlichen Wachstums. Wenn die Sonne brennt und der Wetterbericht keine Änderung verheißt, sollten Sie Ihre Pflanzen in den kühlen Abendstunden mit Wasser versorgen. Ob Sie zur Gießkanne, einem Regner oder Gartenschlauch greifen, richtet sich nach der Größe der Fläche. Feuchten Sie den Boden gründlich durch (lockern Sie verkrustete Böden auf).

Wählen Sie beim Dünger vorrangig organische Produkte (etwa Hornspäne, Humus), die ihre Nährstoffe langsam und kontinuierlich abgeben, und setzen Sie mineralische Dünger sparsam ein.

Pflanzen schneiden

Pflanzen- und Gehölzschnitt sind notwendige Pflegemaßnahmen, die Ihre Gartengewächse »in Form« halten. Ohne Schnitt verwandelt sich Ihr Garten rasch in eine Wildnis, und der ästhetische Aspekt käme zu kurz. Durch den Schnitt regen Sie Sträucher und Bäume zur Bildung neuer Triebe an, außerdem werden abgestorbene oder verwachsene Zweige entfernt. Wenn Sie bei Stauden und Einjährigen regelmäßig Verblühtes entfernen, regen Sie die Pflanzen zur Bildung neuer Blüten an.

EXPERTENTIP

Markieren Sie wichtige Arbeiten im Kalender.

QUERVERWEISE

Pflanzen einsetzen Seite 34–55
Schnittmaßnahmen Seite 70–75

Den Boden vorbereiten

Der Boden ist das wichtigste »Kapital« Ihres Gartens. Er muß sorgfältig gepflegt und bei Bedarf verbessert werden.

Im Boden spielen sich entscheidende Vorgänge des Pflanzenwachstums ab. Er bildet das Substrat für die Wurzeln, die die Pflanzen standfest im Boden verankern. Über ihre Wurzeln nehmen Pflanzen aber auch Wasser und Nährstoffe auf. Jeder Gärtner sollte daher möglichst genau über die Bodenqualität seines Gartens Bescheid wissen.

Bodenqualität

Mit dem einfachen Krümeltest läßt sich feststellen, ob der Boden tonig, lehmig oder sandig ist.

- Tonböden halten Wasser und Nährstoffe fest, sind aber schwer zu bearbeiten.
- Sandböden lassen sich demgegenüber zwar leicht bearbeiten, sind aber durchlässig für Wasser und Nährstoffe.
- In der Regel liegen normale Gartenböden jedoch als Mischtyp mit tonigen und sandigen Bestandteilen vor. Solche Böden stellen daher die ideale Kombination dar: Sie sind relativ einfach zu bearbeiten und gleichzeitig gute Wasser- und Nährstoffspeicher.

Zu Beginn der Arbeit empfiehlt sich eine Bodenanalyse. Der Fachhandel bietet zu diesem Zweck einfache Testbestecke an. Wer ganz sicher gehen möchte, kann diese Analyse gegen Gebühr auch von einem staatlichen oder privaten Institut für Bodenkunde durchführen lassen.

Bodenpflege

Sie erhalten eine gute Bodenfruchtbarkeit, wenn Sie regelmäßig Kompost aus eigener Herstellung in den Boden einarbeiten. Zur Bodenpflege gehört aber auch das Jäten von Unkraut. Unkräuter entziehen dem Boden Wasser und die Nährstoffe, die Ihre Zierpflanzen dringend benötigen. Kräftige, hohe Unkräuter treten außerdem in Lichtkonkurrenz zu den Zierpflanzen – vom ästhetischen Aspekt ganz zu schweigen.
Bodenpflege heißt nicht Umgraben. Diese Arbeit ist nur bei der Neu- oder gänzlichen Umgestaltung von Beeten erforderlich. Später reicht eine oberflächliche Bodenlockerung mit Sauzahn oder Grubber aus.

Um üppige Blütenfülle und reiche Ernte zu erhalten, muß der Boden gut gepflegt werden.

Düngen und Gießen

Pflanzen sind Lebewesen und brauchen Nährstoffe. Im Unterschied zu Tieren können sie jedoch organisches Material aus einfachen, anorganischen Bestandteilen selbst herstellen, daher kommen sie mit Wasser und Mineralien aus.

Düngen, ja oder nein?

Warum also düngen, Pflanzen in der Natur werden doch auch nicht gedüngt? Gärten sind eben keine natürlichen Pflanzengesellschaften, sondern »künstliche« Natur. Biologische Lebensräume sind Kreislaufsysteme, bei denen Tiere und Pflanzen Glieder einer unendlichen Kette der Wiederverwertung bilden. Im Garten herrschen gänzlich andere Bedingungen: Wir wollen üppige Blüten, Stauden und Gehölze, eventuell auch mehrere Pflanzengenerationen am selben Standort, ernten Obst und Gemüse und mähen den Rasen – alles entzieht dem Kreislauf organisches Material. Diese »Lücke« im Kreislauf müssen wir durch Düngen schließen.
Daher kommt es darauf an, dem Boden eine Grundversorgung aus organischem Dünger zuzuführen, der seine Nährstoffe langsam abgibt. Besonders stark genutzte Stauden- oder Gemüsebeete werden zusätzlich mineralisch gedüngt. Allerdings in Maßen! Jede Pflanze hat nur ein bestimmtes Wachstumspotential, Überdüngung wäre daher sogar schädlich und belastet das Grundwasser.

Kleines Einmaleins der Nährstoffe

Zu den wichtigsten Nährstoffen gehören Stickstoff, Phosphor, Kalium, Calcium und Magnesium.

- ▶ Stickstoff (N) ist der wichtigste Bodennährstoff. Er ist in allen Eiweißen enthalten und ein wichtiger Bestandteil des Blattgrüns (Chlorophyll). Hellgrüne Blätter sind ein typisches Merkmal von Stickstoffmangel. Zuviel Stickstoff dagegen führt zu »mastigen« Pflanzen, die viel Wasser enthalten und anfällig für Krankheiten werden.
- ▶ Phosphor (P) ist ebenfalls Bestandteil pflanzlicher Eiweiße und spielt eine wichtige Rolle im Energiehaushalt. Im Unterschied zum Stickstoff wird Phosphor nicht vom Regen ausgewaschen.
- ▶ Kalium oder Kali (K) nutzt die Pflanze zum Aufbau ihrer Zellwände und sorgt so für ein stabiles Zellgerüst.
- ▶ Kalk oder Calcium (Ca) verbessert die Struktur des Bodens. Er wirkt neutralisierend auf Bodensäuren und wird wie Kalium in die Zellwände eingebaut. Zuviel Kalk im Boden kann allerdings die Aufnahme von Spurenelementen hemmen.
- ▶ Magnesium (Mg) ist Bestandteil des Blattgrüns und damit wichtig für die Energieversorgung der Pflanzen.

Neben diesen Hauptnährstoffen gibt es noch eine Reihe von Spurenelementen (z.B. Schwefel, Eisen, Kupfer, Zink), die nur in kleinsten Mengen benötigt werden.
Alle übrigen Bausteine holen sich Pflanzen aus der Luft. Sie »atmen« Kohlendioxid (CO_2) ein und bauen mit Hilfe der Sonnenenergie daraus organische Moleküle auf. Bei dieser biochemischen Reaktion entsteht Sauerstoff (O_2).

Wasser – das A und O der Pflanzenpflege

Vor allem neu eingesetzte Pflanzen müssen gut gewässert werden.

Organische und anorganische Dünger

Anorganische (mineralische) und organische Dünger enthalten dieselben chemischen Bestandteile, erstere wirken allerdings schneller

Regenwasser eignet sich besonders gut zum Gießen – es ist temperiert und kalkfrei.

und müssen unter Energieverbrauch chemisch hergestellt werden.

▶ Die anorganischen Blau-Volldünger (chloridfrei) enthalten N, P, K und Mg.

▶ Einzeldünger bestehen dagegen aus einem Nährstoff und sollten nur nach einer Bodenuntersuchung auf Rat eines Fachmannes angewandt werden.

▶ Tierische Ausscheidungen (Mist), die besten organischen Dünger, sind leider nicht für jedermann erhältlich (häufig bieten Gartencenter kompostierten Mist an).

▶ Hornspäne sowie Horn-, Blut- und Knochenmehl gibt man direkt auf das Beet und arbeitet sie leicht in den Boden ein.

▶ Obwohl keine Dünger im eigentlichen Sinn, versorgen auch Kompost und Mulch den Boden mit Nährstoffen.

Richtig gießen

Die ausreichende Versorgung mit Wasser gehört zu den Grundbedürfnissen einer Pflanze. Spätestens wenn die Blätter schlaff herabhängen, müssen Sie zu Schlauch oder Gießkanne greifen.

▶ Gießen Sie niemals in der Sonne – Wassertropfen auf den Blättern wirken wie Brenngläser –, sondern nur abends oder morgens.

▶ Versuchen Sie, einen fein verteilten Wasserstrahl (verstellbare Düse) möglichst direkt auf den Boden zu sprühen, bis die Erde wassergesättigt ist.

▶ Nehmen Sie für gezielte Bewässerung einzelner Pflanzen die Gießkanne.

Expertentip
Sparsam düngen, nicht »viel hilft viel«.

Querverweise
Kompost herstellen Seite 32/33

Unkraut erkennen und entfernen

Unkrautart	Merkmale	Bekämpfung und Tips
	**Giersch** Mehrjährig; bis 90 cm hoch und breit; 5–10 cm lange, dreifach geteilte Blätter; kleine, weiße Blüten in schirmartigen Dolden.	Giersch hat ein verzweigtes, robustes Wurzelsystem und kann nicht einfach gejätet werden. Graben Sie die Wurzel mit der Grabgabel aus, und entfernen Sie neue Triebe.
	**Gemeine Quecke** Mehrjähriges Gras; bis 60 cm breit und hoch; schmale, in Büscheln stehende Blätter; bräunlich-grüne Ähren im Sommer bis Herbst.	Das Wurzelwerk (Rhizom) breitet sich weit aus und muß komplett entfernt werden (Grabgabel). Aus jedem zurückbleibenden Wurzelstückchen treiben neue Pflänzchen aus!
	**Hirtentäschelkraut** Einjährig; etwa 25–35 cm hoch und breit; graugrüne, schmale Blätter in grundständiger Rosette; unscheinbare Blüten.	Jäten Sie junge Pflänzchen mit der Hand (möglichst vor der Blüte). Nehmen Sie bei älteren Pflanzen einen Handgrubber zum Lockern des Bodens.
	**Ackerwinde** Mehrjährig; bis 75 cm breit, Sprosse kriechen oder klettern; Blätter pfeilförmig, 2,5 cm lang; trichterförmige, rot-weiß gestreifte Blüten.	Sehr problematisches Unkraut, da die Wurzeln beim Jäten leicht zerreißen. Entfernen Sie alle Wurzelreste aus dem Boden, da sich daraus neue Pflänzchen entwickeln.
	**Einjähriges Rispengras** Einjähriges Gras; bis 30 cm hoch; Blätter schmal, hellgrün; grünliche bis braungelbe Blüten einzeln in Rispen (ganzjährig).	Dieses kleine Gras sät sich ständig neu aus. Hier hilft nur regelmäßiges Jäten, da es kaum möglich ist, das Gras gänzlich zu entfernen.

Nicht alle Wildkräuter sind »Un«kräuter. Gänseblümchen auf einer Wiese oder Waldpflanzen unter Sträuchern wirken durchaus attraktiv.

Unkrautart	Merkmale	Bekämpfung und Tips
	**Kriechender Hahnenfuß** Mehrjährig; 30 cm breit, 50 cm hoch; dreilappige Blätter; kräftiggelbe Blüten; meist auf feuchten, schweren Böden.	Hahnenfuß bildet Ausläufer, die sich rasch bewurzeln und neue Pflanzen bilden. Verfolgen Sie die Ausläufer, und stechen Sie alle Wurzeln mit einer Pflanzschaufel aus.
	**Gänsedistel** Einjährig; bis 150 cm hoch, ca. 20 cm breit; schmale Blätter mit gelapptem oder gesägtem Rand; blaßgelbe Blütenköpfchen.	Jäten Sie die jungen Pflänzchen so rasch wie möglich. Zum Glück dauert es etwas länger, bis die Pflanze blüht und fruchtet – Sie können ihr also gut Herr werden.
	**Vogelmiere** Einjährig; kriechend bis aufrecht, bis 35 cm hoch, 20 cm breit; kleine, ovale Blättchen; winzige, weiße Blüten (ganzjährig).	An Pflanzen emporgekletterte Vogelmiere einfach abschneiden und am nächsten Tag das Verwelkte einfach vorsichtig abstreifen.
	**Löwenzahn** Mehrjährig; bis 35 cm hoch und breit; gezähnte Blätter in grundständiger Rosette; gelbe Blütenköpfchen, Pfahlwurzel.	Ob Löwenzahn einen Rasen schmückt oder verunstaltet, ist Ansichtssache. Um ihn zu entfernen, müssen Sie die lange Pfahlwurzel mit einem Messer oder der Pflanzkelle ausstechen.

Wissenswertes

- Viele Baugrundstücke waren ursprünglich Acker- oder Weideland. Daher lagern im Boden noch unzählige Unkrautsamen, die zum Ärger des Gärtners nach und nach auskeimen. Entfernen Sie alle Sämlinge, bevor neue Samen gebildet werden.
- Benutzen Sie möglichst keine chemischen Unkrautvernichtungsmittel!
- Unkräuter zwischen Wegplatten entfernt man umweltschonend mit einem Brenner (im Fachgeschäft ausleihen).

Boden bearbeiten und verbessern

Kurzinformation

Bodenbestimmung

Lösen Sie Bodenproben in etwas Wasser (siehe Freisteller).
Testen Sie den pH-Wert Ihres Bodens mit einem käuflichen Testbesteck. Halten Sie sich an die Herstellerangaben.

Werkzeug

Spaten
Grabgabel

Material zur Bodenverbesserung

Humus für Sand- und Tonböden
Stroh mit Mist für Tonböden
Sand für Tonböden
Stein- oder Tonmehl für Sandböden

Zeitaufwand

Umgraben und Material einarbeiten:
ca. 30 Minuten pro Quadratmeter
Boden lockern:
5–10 Minuten je Quadratmeter

Sandboden
Sand ist überhaupt nicht formbar. Trockener Sandboden ist fein und rieselt durch die Finger. Sand ist gut durchlüftet, wasserdurchlässig und läßt sich leicht bearbeiten. Sandböden enthalten nur wenige Nährstoffe, vor allem halten sie aufgebrachten Dünger nicht fest.

Humusboden
Humus/Kompost kommt als Bodentyp nicht im Garten vor. Sie können aber durch regelmäßige Kompostgaben kompostreiche Böden erzeugen. In Wasser gelöster Humus färbt schwarz.

Lehmboden
Aus Lehmböden lassen sich kleine Kügelchen formen, die jedoch nicht stabil sind und bei leichtem Druck zerkrümeln (siehe links unten). Lehmböden gehören zu den fruchtbarsten Böden. Sie haben gewöhnlich einen Humusanteil, speichern Wasser und sind gut durchlüftet. In Wasser gelöst färbt Lehm das überstehende Wasser ockerfarben.

Von links nach rechts: Sand, Humus, Lehm

Bevor Sie Ihren Garten bepflanzen, müssen Sie den Boden auf seine Beschaffenheit prüfen.

Bodenverbesserung

Versuchen Sie nicht, den ganzen Gartenboden auf einmal zu »verbessern«, sondern nehmen Sie sich Beet für Beet vor. Graben Sie zunächst die Fläche mit dem Spaten etwa 30 cm tief um. Legen Sie die Materialien für die Bodenverbesserung bereit. Zerkleinern Sie die Schollen mit der Grabgabel und mischen Zug um Zug die entsprechenden Materialien bei. Ziehen Sie den Grubber (Kultivator) durch das Beet, um den Boden zu lockern und für die Bepflanzung vorzubereiten.

Bodenlockerung

Im Staudenbeet kommt es darauf an, den Boden zwischen den Stauden zu bearbeiten. Streuen Sie im Frühling Kompost mit beigemischtem organischem Dünger auf das Beet. Ziehen Sie mit Grubber oder Sauzahn vorsichtig durch das Beet, und arbeiten Sie den Kompost leicht ein. Achten Sie darauf, die Wurzeln der Stauden nicht zu beschädigen. Decken Sie die Fläche anschließend mit Mulch ab. Im Sommer reicht dann gelegentliches Lockern zwischen den Stauden aus.

Mulchen

Eine 1–2 cm dicke Mulchschicht aus zerkleinerten Ast- und Rindenstückchen oder Rasenschnitt (mit Kompostbeimischung) unterdrückt das Unkrautwachstum und verhindert das Austrocknen des Bodens. Sie können bis zur nächsten Bepflanzung auch Gründüngerpflanzen aussäen. Diese (u.a. Klee, Lupinen, Wicken) leben in Symbiose mit Bodenbakterien, die Luftstickstoff in mineralischen Stickstoff umwandeln. So bleibt der Boden vor dem Wetter geschützt, wird gedüngt, die Wurzeln lockern ihn auf und sorgen für gute Durchlüftung.

EXPERTENTIP

Verwenden Sie Rasenschnitt zum Mulchen.

Ein neues Beet anlegen

Kurzinformation

Material

Kompost
Material zur Bodenverbesserung

Werkzeug

2 Pflöcke
Schnur
Spaten
Grabgabel
Kultivator oder Grubber

Zeitaufwand

Für ein 2 x 2 m großes Beet etwa 3 – 4 Stunden

Kantsteine setzen

1. Graben ausheben (Steintiefe + 5 – 10 cm)
2. 1 Teil Zement + 5 Teile Sand und Kies einfüllen (Magerbeton)
3. Steine hineindrücken
4. Rand mit Magerbeton auffüllen
5. Gießen
6. Ein paar Tage aushärten lassen

Lage des Beetes festlegen
Zeichnen Sie zuerst Lage, Größe und Form des geplanten Beetes in einen Gartenplan ein.
Beete mit geraden Kanten wirken strenger als runde, geschwungene Beete. Isolierte, inselhaft im Rasen gelegene Beete fallen wegen des »grünen Rahmens« stärker ins Auge als randliche Beete und verlangen daher bei Bepflanzung und Pflege größere Aufmerksamkeit.

Beetform in den Garten übertragen
Übertragen Sie das auf dem Plan erstellte Beet in Ihren Garten: Markieren Sie bei rechtwinkligen Beeten die Eckpunkte mit Bambusstäben, und spannen Sie eine Schnur um das spätere Beet. Mit Kreisbögen abschließende Beete werden mit einem Schnurzirkel (2 Pflöcke mit Verbindungsschnur in Länge des Radius) auf die Fläche übertragen und die Kreislinie mit Sand markiert. Gehen Sie nun zu Ihrem Sitzplatz und kontrollieren Sie das Beet. Entspricht es Ihren Vorstellungen?

Machen Sie sich erst an die praktische Arbeit, wenn Sie sich über Art, Größe und Form des Beetes im klaren sind.

Das Beet vorbereiten
Stechen Sie mit dem Spaten die Grenzlinie des Beetes ab (die Kante sauber und tief einstechen), und graben Sie den Boden um. Machen Sie eine Bodenprobe, und führen Sie die entsprechenden Maßnahmen zur Bodenverbesserung durch.

Rasen abstechen
Grassoden werden mit dem Spaten flach, wenige Zentimeter unter der Grasnarbe abgestochen. Die Grassoden kommen – etwas zerkleinert – auf den Kompost.

Das Beet fertigstellen
Zerkleinern Sie die Erdschollen mit Spaten oder Grabgabel, und glätten Sie die Oberfläche mit einem Kultivator oder Grubber. Bringen Sie das Beet durch Kompostzugabe wieder auf Rasenniveau. Überlegen Sie sich, wie Sie den Übergang Beet–Rasen gestalten wollen. Offene Übergänge sehen sehr natürlich aus, das Gras wuchert jedoch leicht ins Beet hinein und muß regelmäßig abgestochen werden. Eine feste Eingrenzung erleichtert die Pflege, ist jedoch teurer und arbeitsaufwendig.

Beet zum Bepflanzen einteilen
Gruppen weniger, gleichartiger Pflanzen wirken meist besser als eine »bunte Mischung« aus unterschiedlichsten Farben und Formen. Streuen Sie die Grenzen der zu bepflanzenden Flächen (nicht zu regelmäßig-geometrisch) mit Sand ab. Schätzen Sie mit Hilfe der Pflanzenporträts die Anzahl der benötigten Pflanzen ab (Durchmesser).

EXPERTENTIP
Weit geschwungene Beete wirken großzügiger.

QUERVERWEISE
Pflanzenporträts Seite 78 – 145
Mit Blumen malen Seite 148 – 159

Ein altes Beet umgestalten

Kurzinformation

Werkzeug

Grabgabel
Kultivator oder Grubber
Pflanzkelle
Baumsäge
Astschere

Material

Humus
organische Langzeitdünger
Materialien zur Bodenverbesserung

Zeitaufwand

Etwa 3 – 4 Stunden

Wann wird diese Arbeit ausgeführt?

Am besten im Frühling

Vorbereitungen
Gehen Sie in Zweifelsfällen bei der Umgestaltung eines Beetes schrittweise vor:
Entfernen Sie zunächst nur, was Ihnen definitiv nicht gefällt, und heben Sie den Rest für später auf. Dieses Beet wird von einem großen Strauch dominiert, der den Blick auf die Stauden versperrt. Außerdem hat sich überall Unkraut breitgemacht.

Strauch entfernen
Schneiden Sie den Strauch bis eine Handbreit über der Erde ab. Der Rest dient als »Handgriff«, um den Strauch herauszuziehen. Stechen Sie die Grabgabel rund um den Strauch in die Erde, und heben Sie das Wurzelwerk an. Versuchen Sie nun, den Strauch herauszuziehen. Sitzt er noch zu fest, stechen Sie rund um den Strauch etwas Erde aus und ziehen dann wieder.
Das Unkraut wird entweder ausgezupft oder mit der Grabgabel herausgestochen.

Es gibt viele Gründe, ein Beet umzugestalten: Sie wollen es verändern, vergrößern oder ganz neu gestalten.

Stauden teilen
Stechen Sie mit der Grabgabel rund um die Stauden ein, und hebeln Sie das Wurzelwerk aus dem Boden. Wenn Sie die Stauden weiterverwenden möchten, teilen Sie die Wurzel, und legen Sie die Pflanzen bis zur Weiterverwendung – mit etwas Erde bedeckt – zur Seite.

Das umgestaltete Beet
Machen Sie eine Bodenprobe, und verbessern Sie eventuell den Boden. Gleichen Sie Unebenheiten mit Komposterde aus, die mit der Grabgabel in den Boden eingearbeitet wird. Da die vielen Pflanzen dem Boden Nährstoffe entzogen haben, streuen Sie zum Abschluß einen organischen Dünger über das Beet und arbeiten Sie ihn mit dem Kultivator ein.
Nun werden die offenen Flächen mit den geteilten und eventuell neu gekauften Stauden bepflanzt.
Da der störende Strauch fehlt, fällt der Blick nun auf ein pultartig gestaffeltes Beet, dessen Pflanzen sich zu Farbbändern zusammenschließen (von vorn nach hinten: gelbe Nachtkerze, gelbes Nadelblättriges Mädchenauge, blauer Salbei, rote Spornblume, hellblauer Rittersporn).
Sollte Ihnen in den Folgejahren das Beet in dieser Form nicht mehr zusagen, könnten Sie die »Bänder« durch farblich abgestimmte Stauden in der Höhe noch weiter staffeln.

EXPERTENTIP
Verwenden Sie den Abfall für den Komposthaufen.

QUERVERWEISE
Stauden teilen Seite 66/67
Boden verbessern Seite 26/27

Kompostieren

Kurzinformation

Kompostierbares Material

Gartenabfälle (außer kranke Pflanzenteile!)
rohe Küchenabfälle
Mulch
angetrockneter Rasenschnitt
Blätter
Heckenschnitt
Stroh
Asche
Pappe (in Maßen)
Kaffeefilter (in Maßen)

Nicht kompostierbares Material

imprägnierte Holzabfälle
Zitrusfrüchte (gespritzt)
samentragende Unkräuter
Unkrautwurzeln
Fleischabfälle (auch keine Knochen)
gekochte Küchenabfälle

Werkzeug

Grabgabel
Kompostsieb

Wann umsetzen?

Frühling oder Herbst

Was ist ein Komposthaufen?
Beim Kompostieren wird das organische Material, das in Haus und Garten anfällt, in seine Bestandteile zerlegt und in Humus verwandelt. Humus entsteht nur mit Hilfe von Bodenorganismen. Stellen Sie also unbedingt eine Verbindung zum lebenden Boden her (Umstechen), damit Bakterien, Pilze, Würmer, Käfer und andere Kleinstlebewesen einwandern können. Die Zersetzung der »Abfälle« im Sammelkompost wird als Rotte bezeichnet. Sorgen Sie mit Zufuhr von grobem Material (zerkleinerte Zweige usw.) dafür, daß der Kompost gut durchlüftet wird, und gönnen Sie ihm an heißen Sommertagen eine Gießkanne mit Wasser. Unter Luftabschluß – etwa innerhalb einer dicht gepackten Schicht grünen Rasenschnitts – entwickeln sich Fäulnisbakterien, die im Kompost nichts zu suchen haben. Die erfolgreiche Rotte erkennen Sie daran, daß der Komposthaufen in sich zusammenfällt.

Thermokomposter

Mit einem Komposthaufen können Sie die anfallenden organischen Reste aus Garten und Küche in nährstoffreichen Humus verwandeln.

Kompost umsetzen
Schichten Sie nach 2–3 Monaten den Sammelkompost in einen zweiten Silo um: Zwei Handbreit grobes Material, darüber abwechselnd eine Schicht Rohhumus und eine 5 cm hohe Lage Gartenerde oder Kompost, etwas organischen Dünger und Steinmehl, eventuell auch Kompoststarter. Obenauf kommt eine Schicht Gartenerde.

Reifekompost
Im Reifekompost werden nun die Regenwürmer aktiv, die sich regelrecht durch den Haufen fressen und dabei dunklen, nach Waldboden duftenden Humus erzeugen. Nun müssen Sie noch 2–3 Monate Geduld haben, dann dürfen Sie den fertigen Kompost »ernten«.
Da der Reifekompost ungestört bleibt, können Sie ihn mit Kapuzinerkresse, Wicken, Kürbis oder Gurken bepflanzen.

Kompost sieben
Nach Abschluß des Reifeprozesses bleiben immer noch grobe Stücke übrig, die nicht zersetzt wurden. Vor Gebrauch muß der Kompost daher gesiebt werden.

Kompost einarbeiten
Den gesiebten Kompost können Sie nun zwischenlagern oder auf den Beeten verteilen. Schichten Sie ihn in etwa 1 cm dicker Lage auf die Erde, und arbeiten Sie ihn vorsichtig mit Sauzahn oder Grubber unter.

Expertentip
Bei starkem Regen Komposthaufen abdecken.

Pflanzen einsetzen

Einjährige, Stauden, Bäume, Sträucher oder Rosen einzupflanzen, gehört zu den schönsten und befriedigendsten Arbeiten im Gartenjahr.

Überlegen Sie sich gut, welche und wieviel Bäume, Sträucher und Stauden Sie in Ihrem Garten einsetzen wollen, und prüfen Sie nach, ob die ins Auge gefaßten Pflanzen auch für den ausgewählten Standort geeignet sind. Nehmen Sie sich auf jeden Fall genügend Zeit für die Vorbereitungen. Treffen Sie mit Hilfe des Porträt- und Gestaltungsteils eine Vorauswahl, und stellen Sie dann eine Einkaufsliste zusammen.

Müssen Sie den Garten gänzlich neu anlegen, dann planen Sie am besten abschnittweise. Immerhin soll Sie Ihr Garten jahrelang erfreuen, Sorgfalt bei der Auswahl wird sich daher mehr als auszahlen. Vor allem bei den Gehölzen lohnt sich eine genaue Vorüberlegung. Wollen Sie eine einreihige Hecke anlegen und eine einheitlich grüne Wand aufbauen, oder bevorzugen Sie ein gestaffeltes Strauchbeet, das den Garten auflockert und im Sommer ebenso guten Sichtschutz bietet?

Bäume sind wunderbare Gehölze, aber sie werden groß, und ihr Schatten könnte das Wachstum anderer Pflanzen hemmen. Muß es also unbedingt ein mächtiger Baum sein? Ein schöner Strauch, zum Beispiel ein Japanischer Fächerahorn, oder ein kleinkroniger Obstbaum sorgen gleichfalls für Höhe und sind attraktive Blickpunkte, die sich gut in kleine Gärten einfügen, ohne sie zu dominieren. Auch verschiedene begrünte Rank- oder Klettergerüste sorgen für Blickfang, dienen als Sichtschutz oder schaffen Räume.

Wann pflanzen?

Die beste Zeit zum Pflanzen ist ein bedeckter, nicht zu sonniger Tag.

- Im Frühling ist das Angebot der Gärtnereien besonders reichhaltig, pflanzen Sie jetzt Stauden und vielleicht frühblühende Einjährige ein.
- Bäume, Sträucher und Rosen mit nackten Wurzeln kommen im Herbst in die Erde. Der Herbst ist auch die Pflanzzeit für Zwiebel- und Knollenpflanzen, die im nächsten Frühling blühen sollen.
- Rasen kann während der gesamten Vegetationsperiode ausgesät werden.

Wer nur wenig Platz zum Anpflanzen hat, kann sich mit den verschiedensten Gefäßen behelfen.

Pflanzenangebot und Kauf

Beim Pflanzenkauf sollten Sie einige wichtige Dinge beachten:

▶ Zwiebeln und Knollen werden meist in perforierten Kunststofftüten angeboten, auf dem Beipackzettel finden Sie alle notwendigen Angaben. Die Zwiebeln oder Knollen dürfen keine dunklen oder verpilzten Stellen aufweisen. Sie müssen sich fest und elastisch – nicht weich – anfühlen und dürfen noch nicht ausgetrieben sein (grüne Blattspitzen sind sichtbar).

▶ Ein- und Zweijährige zieht man entweder selbst aus Samen heran oder kauft sie als vorgezogene Pflänzchen. Mit ihnen lassen sich Beete sehr schnell in blühende Flächen verwandeln.

▶ Stauden sollten kompakt und buschig wachsen. »Geschossene« (vergeilte) Pflanzen mit langen, blattlosen Stengelstücken erholen sich häufig nicht mehr. Die Blätter müssen kräftig grün aussehen. Flecken deuten auf Krankheiten, hellgrüne bis gelbe Stellen auf Mangelernährung hin. Wachsen die Wurzeln durch das Bodenloch oder seitliche Risse des Behälters heraus, dann entscheiden Sie sich lieber für eine andere Pflanze, denn diese steht schon zu lange in ihrem Behälter.

▶ Bäume und Sträucher sind mehrjährige, verholzte Pflanzen. Da man sie im knospenden Zustand erwirbt, ist der Kauf Vertrauenssache. Gehen Sie dazu in eine renommierte Gärtnerei, und lassen Sie sich ausführlich beraten.

Die Angebotsformen

Bäume, Sträucher und Stauden kommen in verschiedenen Formen in den Handel.

▶ Stauden, kleinere Sträucher und Bäume werden heute fast ausnahmslos in Kunststoffcontainern angeboten. Achten Sie bei Sträuchern oder kleinen Bäumen unbedingt auf das Wurzelwerk. Ziehen Sie vorsichtig am Stamm: Läßt sich der gesamte Ballen herausziehen und wachsen die Wurzeln dicht und verfilzt um ihn herum, dann entscheiden Sie sich lieber für ein anderes Exemplar. Containerpflanzen können ganzjährig gepflanzt werden. Sie können die Pflanzen vor dem Einsetzen auch ein paar Tage in ihrem Behälter stehenlassen – Gießen aber nicht vergessen –, ohne daß ihnen das schaden würde.

▶ Minicontainer oder Topfstreifen sind typische Behälter für Ein- und Zweijährige. Sie bestehen entweder aus Styropor oder kompostierbarem Material – letzteres ist im Sinne des Umweltschutzes vorzuziehen.

▶ Größere Stauden, Sträucher oder Rosen werden manchmal in schwarze Folie eingeschlagen. Derartig verpackte Pflanzen können wie Containerpflanzen behandelt werden.

▶ Bäume und Sträucher (dazu gehören auch Rosen) werden mit Ballen oder nackten Wurzeln angeboten.

▶ Bei Ballenpflanzen wurde das Gehölz aus einem Beet ausgestochen und die Wurzeln zusammen mit der Erde in ein Tuch aus Sackleinen eingeschlagen. Sie sollten in der Gärtnerei noch mit Erde bedeckt sein, sonst trocknen sie aus. Machen Sie es genauso, wenn Sie das Gehölz nach dem Kauf in Ihrem Garten zwischenlagern möchten (Gießen nicht vergessen).

▶ Gehölze mit nackten Wurzeln werden nur in der Ruhephase der Pflanzen (Herbst bis Vorfrühling) verkauft. Sie dürfen nur kurze Zeit aufbewahrt werden – in einer Grube liegend und mit Erde bedeckt.

Preiswert – die eigene Anzucht
Blütenpflanzen oder Gemüse selbst anzuziehen, ist eine preiswerte, aber nicht immer leichte und relativ zeitaufwendige Sache.

Fast das ganze Jahr über bieten Gartencenter und Gärtnereien eine reichhaltige Pflanzenauswahl an.

Blumen säen oder nicht?

Blumen auszusäen ist die preiswerteste Möglichkeit, seine sommerlichen Beete mit Blütenpracht zu füllen. Leider ist der Umgang mit Samen, gerade für den Anfänger, oftmals eine schwierige Angelegenheit. Die Angaben auf den Samentütchen klingen sehr einfach, dennoch erscheint nach der Aussaat keine einzige der versprochenen Pflanzen. Die sicherste – aber arbeitsaufwendige – Technik ist die Vorkultur.

- Kaufen Sie sich eine flache Schale und sogenannte Anzuchterde.
- Ziehen Sie mit einem Hölzchen Rillen in die Erde, und säen Sie den Samen aus (Packungsangaben beachten).
- Lassen Sie die Schale bei Raumtemperatur (nicht auf der Heizung!) stehen, bis sich erstes Grün zeigt.
- Nehmen Sie die kräftigsten Pflänzchen mit einem Pikierstäbchen (ein flaches Hölzchen tut's auch) heraus – sie kommen in ein größeres Töpfchen.
- Sind sie kräftig genug, werden sie dann direkt ins Beet gepflanzt.

EXPERTENTIP

Lassen Sie gekaufte Pflanzen nicht in der Sonne stehen.

Rasen säen

Kurzinformation

Werkzeug

Spaten oder Grabgabel
Metallrechen
Walze (leihweise) oder Trittbretter
Säwagen (später als Düngerstreuer zu verwenden)
Rasensprenger oder Gartenschlauch
Spannschnur und Pflöcke
Wasserwaage

Material

Saatgut (Rasenmischung)
Sand
Humus oder Mutterboden
Volldünger (kalium- und magnesiumhaltig)

Arbeitsaufwand

Säen (Wagen) und Walzen:
ca. 5 Minuten pro Quadratmeter
Säen (Hand) und Festtreten:
ca. 30 Minuten pro Quadratmeter

Boden vorbereiten
Stechen Sie das spätere Rasenstück mit Spaten oder Grabgabel um, und entfernen Sie größere Steine, Bauschutt (!) und Wurzeln, sonst entsteht später leicht Staunässe.
Rasen braucht leichten Boden, nehmen Sie Verbesserungsmaßnahmen vor (Volldünger).
Spannen Sie Schnurquadrate (ca. 5 x 5 m), und ebnen Sie darin den Boden mit dem Rechen nach und nach ein (Wasserwaage). Das Gefälle sollte ganz leicht vom Haus wegführen, sonst fließt später Regenwasser ins Haus.

Boden für die Aussaat vorbereiten
Streuen Sie auf der vorbereiteten Fläche ein Erde-Sand-Gemisch aus, das Sie zusätzlich mit Steinmehl anreichern können. Idealer Rasenboden ist locker. Harken Sie mit dem Rechen den Oberboden leicht ein. Warten Sie 2 – 3 Wochen, bis eventuell vorhandene Unkrautsamen auskeimen und der Boden gesackt ist. Verdichten Sie den Boden mit einer schweren Walze, oder stampfen Sie die Fläche mit Trittbrettern unter den Schuhen fest.

Schildern Sie im Fachhandel die geplante Nutzung des Rasens, und kaufen Sie die dafür empfohlene Mischung.

Rasen aussäen

Grassamen wird pro Quadratmeter verkauft, messen Sie daher die Fläche aus. Lockern Sie unmittelbar vor der Aussaat den Boden mit einem Rechen kreuzförmig auf (nicht aufdrücken). Mit einem Streuwagen wird das Saatgut gleichmäßiger verteilt. Vermischen Sie die Grassamen mit etwas Sand, und ziehen Sie den Wagen streifenweise über den Boden. Die Aussaat per Hand ist weitaus schwieriger. Gliedern Sie die Rasenfläche, und streuen Sie den Samen möglichst gleichmäßig aus.

Walzen

Nach dem Aussäen wird der Grassamen in den Boden eingearbeitet. Ziehen Sie zunächst den Rechen ohne Druck über die Fläche. Leihen Sie sich eine Walze, und rollen Sie damit über den Rasen.

Festtreten

Eine Alternative zur Walze sind selbst hergestellte Trittbretter (Brett mit Schnur- oder Lederschlaufen für die Füße). Drücken Sie damit den Samen Schritt für Schritt fest. Treten Sie flach auf, damit keine Rillen entstehen.

Bewässern

Neben Wärme braucht Ihr Rasen nun sehr viel Wasser. Benutzen Sie einen Rasensprenger, oder sprühen Sie mit sehr feinem Strahl aus dem Schlauch. Der Wasserstrahl darf nicht hart auf den Boden auftreffen, sonst spülen Sie die Samen beiseite und der Rasen keimt unregelmäßig aus.
Bis sich das erste Grün zeigt, müssen Sie täglich wässern. Erst wenn der neue Rasen 5–8 cm hoch ist, wird er zum ersten Mal auf eine Höhe von ca. 3 cm gemäht. Geben Sie nun dem Gießwasser Rasendünger (Packungsangaben beachten) zu.

EXPERTENTIP
Planen Sie für Bäume eine Baumscheibe ein.

QUERVERWEISE
Bodenverbesserung Seite 26/27

Fertigrasen auslegen

Kurzinformation

Werkzeug

Schubkarre
Brett
Walze (leihweise) oder Trittbretter
Rasensprenger oder Gartenschlauch
Spannschnur und Pflöcke
Wasserwaage

Material

Fertigrasen
Sand
Humus oder Mutterboden
Volldünger (kalium- und magnesiumhaltig)

Arbeitsaufwand

Verlegen:
5 – 10 Minuten pro Quadratmeter

Verlegezeit

Am besten August bis September, aber auch während der gesamten Vegetationsperiode möglich.

Fertigrasen
Viele Gartencenter bieten fertigen Rasen in Form von Rollen oder Platten an. Damit ersparen Sie sich die etwas kniffelige Arbeit des Aussäens. Allerdings ist ein solcher Rasen deutlich teurer als Saatgut. Rollrasen ist etwas stabiler als die einzelnen Platten.
Denken Sie an den Verwendungszweck, und kaufen Sie dementsprechend die Rasensorte ein.

Fertigrasen auslegen
Stellen Sie mit Wasserwaage und Rechen eine ebene Bodenfläche her. Beginnen Sie mit dem Ausrollen des Rasens an einer geraden Kante. Ist die erste Reihe ausgerollt, legen Sie ein Brett darauf, um den frisch ausgelegten Rasen nicht zu beschädigen. Wiederholen Sie den Vorgang für die zweite und die folgenden Reihen.

Rasen ist nicht gleich Rasen.

Wenn Sie Wert auf einen »Instant-Rasen« legen, der Ihren Garten sofort ergrünen läßt, sollten Sie sich für Fertigrasen entscheiden.

Ränder abstechen
Rollen Sie mit einer Walze oder mit Trittbrettern den Rasen fest. Stechen Sie nun mit einem Kantenstecher oder einem Spaten die Ränder ab. Spannen Sie für gerade Kanten eine Schnur.

Konturen ausarbeiten
Runde oder geschwungene Begrenzungen werden mit einem Schnurzirkel eingezeichnet, mit Sand abgestreut und mit dem Kantenstecher abgestochen. Oder Sie verwenden als beweglichen Teil des »Zirkels« gleich ein scharfes Messer zum Kantenabschneiden.

Rasenplatten verlegen
Stellen Sie eine gerade Auslegefläche her. Rasenplatten werden nicht Stoß auf Stoß, sondern versetzt ausgelegt. Benutzen Sie ein möglichst breites Brett, um die frisch ausgelegten Platten nicht zu beschädigen.
Die Begrenzungen werden wie beim Rollrasen hergestellt.

Bewässern
Sowohl Roll- als auch Plattenrasen muß nach dem Verlegen vorsichtig mit einem Fächerbesen abgerecht werden, um lose Reste zu entfernen. Danach wird gründlich gewässert. Fertigrasen kann bereits nach wenigen Tagen vorsichtig begangen werden, ist zum Spielen oder Betreten durch viele Personen aber erst nach 3 – 4 Wochen geeignet.

EXPERTENTIP
Verarbeiten Sie gelieferten Fertigrasen sofort.

QUERVERWEISE
Boden vorbereiten Seite 39/40
Schnurzirkel Seite 28/29

Stauden pflanzen

Kurzinformation

Material

Handschaufel
Handgrubber
Eimer mit Wasser
Gießkanne
Humus
Material zur Bodenverbesserung

Pflanzzeit

Containerpflanzen ganzjährig, die beste Pflanzzeit ist jedoch der Frühling. An einem trüben Tag, ohne starke Sonneneinstrahlung.

Zeitaufwand

5–10 Minuten je Pflanze

Pflanzloch vorbereiten
Beginnen Sie mit dem Einpflanzen in der Beetmitte, und arbeiten Sie sich zum Rand hin vor. Graben Sie mit der Pflanzschaufel (Handschaufel) ein Loch von der Größe des Wurzelballens, plus rundum ein paar Zentimeter. Lockern Sie Boden und Seiten des Pflanzloches mit dem Handgrubber auf. Bei sehr schweren bzw. leichten Böden empfiehlt es sich, auch die weitere Umgebung des Pflanzloches zu »verbessern«.

Pflanze einsetzen
Stellen Sie den Pflanzcontainer etwa 20 Minuten in einen Wassereimer, damit die Wurzeln gründlich durchfeuchten. Ziehen Sie den Kunststofftopf ab und lösen Sie verfilzte Wurzeln. Die Wurzeln sollten frei nach außen und unten zeigen, um sich schnell ausdehnen zu können. Stellen Sie nun den Wurzelballen ins Pflanzloch. Die Oberkante des Ballens muß mit dem Bodenniveau abschließen. Korrigieren Sie die Tiefe durch Ausgraben bzw. Einfüllen von Erde.

Die langlebigen Stauden prägen maßgeblich den Charakter eines Gartens. Sie sollten in Farbe und Wuchsform gut aufeinander abgestimmt sein.

Wurzeln ausbreiten
Breiten Sie vorsichtig die Wurzeln im Pflanzloch aus und achten Sie darauf, daß die Ballenoberfläche etwa horizontal steht. Gießen Sie ein wenig Wasser in das Pflanzloch, damit die Ränder und der Boden angefeuchtet sind.

Erde auffüllen
Mischen Sie mit der Pflanzschaufel den Aushub mit etwas Kompost, und füllen Sie das Gemisch um den Wurzelballen ein. Gießen Sie etwas Wasser nach, damit die Bodenteilchen zwischen die Wurzeln gespült werden, sie fest umschließen und ihnen Halt geben.
Füllen Sie nun das Pflanzloch vollständig mit Erde auf. Drücken Sie die Erde um die neue Pflanze mit den Fingerknöcheln fest. Geben Sie noch einmal Humus-Beeterde-Gemisch zu, und glätten Sie die Beetoberfläche.

Einschlämmen
Nun wird die neue Beetpflanze mit der Gießkanne gründlich gegossen. So versorgen Sie die Wurzeln ausreichend mit Wasser – Umpflanzen bedeutet Streß für die Pflanze! –, andererseits schwemmen Sie damit feinste Bodenteilchen zwischen die Wurzeln und verdrängen Luftlöcher im Boden. Denken Sie daran, auch in den folgenden Tagen regelmäßig, aber nicht mehr so viel zu gießen.

Expertentip
Ein- und Zweijährige werden wie Stauden gepflanzt.

Querverweise
Boden verbessern Seite 26/27
Pflanzenporträts Seite 78 – 145

Zwiebel- und Knollenpflanzen einsetzen

Kurzinformation

Material

Pflanzholz
Zwiebelpflanzer
Gießkanne
Kunststoffkorb

Pflanzzeit

Frühlingsblumen im Herbst des Vorjahres
Herbstblumen im Frühling

Zeitaufwand

1–2 Minuten je Zwiebel und Knolle

Bunte Frühjahrsbepflanzung

Die Stunde der Zwiebel- und Knollenpflanzen schlägt im Frühjahr – sie sorgen für die erste Farbe im Garten. Arrangieren Sie die im Herbst gekauften Pflanzen stets zu natürlich wirkenden Gruppen, so daß mehrere, gleichartige Pflanzen nebeneinander stehen. Eine allzu regelmäßige Anordnung vermeiden Sie mit einem Trick: Lassen Sie kleine Zwiebeln und Knollen aus der Hand auf die Erde fallen und setzen Sie sie dort ein, wo sie hinfallen. Nehmen Sie bei größeren Knollen Platzhalter wie Kiesel- oder weiße Legosteine. Schneiden Sie nach der Blüte nur das Verblühte ab, die Blätter werden erst nach der Welke dicht über dem Boden abgeschnitten.

Während Stauden unmittelbar sichtbar sind, erscheinen Zwiebel- und Knollenpflanzen erst nach einer Ruhephase.

Einsetzen mit Korb
Natürlich können Sie die Zwiebeln und Knollen bis zum nächsten Jahr einfach im Boden lassen, besser ist jedoch, sie den Winter über trocken und kühl zu lagern. Werden Zwiebeln in einen Korb gesetzt, lassen sie sich leicht wieder entfernen.

Dahlienknollen
Dahlien werden im Frühling gepflanzt und müssen vor den ersten Frösten aus dem Beet entfernt werden. Lassen Sie die Erde auf den Knollen austrocknen; Erde abschütteln und die Knollen an einem kühlen und dunklen Ort lagern.

Zwiebelpflanzer
Für Zwiebeln und Knollen gibt es spezielle hohle Zwiebelpflanzer (große Löcher) und Pflanzhölzer (kleine Löcher), die die Arbeit sehr erleichtern. Bohren Sie ein Pflanzloch in der richtigen Tiefe (Packungsangabe). Sehen Sie sich die Zwiebeln genau an. Die Wurzelseite muß nach unten, die Sproßseite (gewöhnlich das spitzere Ende) nach oben weisen. Sollten Sie unsicher sein, fragen Sie beim Kauf nach. Legen Sie die Zwiebel oder Knolle ins Loch, füllen Sie Erde auf und gießen Sie.

Eine »wilde« Wiese
Krokusse, Träubelhyazinthen, kleine Narzissen und botanische Tulpen verleihen einem Wiesenstück einen natürlich-wilden Charme. Verteilen Sie im Herbst die Knollen oder Zwiebeln im Rasen. Stechen Sie mit dem Spaten unter die Grasnarbe, und legen Sie die Zwiebeln und Knollen ein. Danach legen Sie die Grasnarbe wieder an ihren alten Platz.
Die Blüten erscheinen im Frühling zusammen mit dem wachsenden Gras. Warten Sie mit dem Mähen des Rasenstücks, bis die Blätter der Zwiebel- und Knollenpflanzen verwelkt sind.

EXPERTENTIP
Markieren Sie die Pflanzstellen mit einem Stäbchen.

QUERVERWEISE
Frühlingsblumen Seite 82–91
Rasen pflegen Seite 62–65

Sträucher pflanzen

Kurzinformation

Angebotsformen

Containersträucher
Ballensträucher
Sträucher mit nackten Wurzeln

Werkzeug

Grabgabel und Spaten
Vorschlaghammer (Stütze)
Gießkanne

Material

Kokosstrick oder Baumband
Stützpfahl
Humus
Horn- oder Knochenmehl

Pflanzzeit

Herbst bis Frühling
Containerpflanzen ganzjährig

Zeitaufwand

1–2 Stunden pro Strauch

Wässern
Wenn Sie den Strauch nicht unmittelbar nach dem Kauf einpflanzen können, wird er, die Wurzeln mit Erde bedeckt, im Garten zwischengelagert. Mindestens eine Stunde vor dem Pflanzen kommt der Strauch in einen Eimer mit Wasser, damit sich die Wurzeln vollsaugen können. Belassen Sie bei Ballensträuchern das Tuch um den Ballen.

Das Pflanzloch
Heben Sie mit Grabgabel oder Spaten ein Loch aus, das etwa so tief und doppelt so breit wie der Ballen ist, und lockern Sie den Untergrund 50 cm tief mit der Grabgabel auf. Lockern Sie die Wände des Pflanzlochs mit der Grabgabel.

Den Strauch einsetzen
Überprüfen Sie die Tiefe des Pflanzloches. Das Gehölz muß in derselben Tiefe wie in der Baumschule eingegraben werden. Setzen Sie das Gehölz endgültig ein; bei Ballenpflanzen wird nun vorsichtig das Sackleinen entfernt.

Achten Sie beim Einpflanzen von Sträuchern auf die spätere Endhöhe und -breite. Jeder Strauch braucht Raum zur Entfaltung.

Erde auffüllen

Vermischen Sie den Aushub mit etwas Humus, dann bildet das Gehölz leichter Wurzeln. Geben Sie bei nährstoffarmen Böden etwas Horn- oder Knochenmehl zu. Füllen Sie den Aushub in das Pflanzloch ein. Gehölze mit nackten Wurzeln werden ganz vorsichtig auf und nieder gerüttelt, damit Erde zwischen die Wurzeln eindringt und das Gehölz sicher steht. Drücken Sie die Erde mit der Faust, dann den Füßen fest. Formen Sie mit der restlichen Erde einen Krater um das Pflanzloch (von außen leicht festtreten).

Gießen und anbinden

Füllen Sie den Krater mit Wasser aus Gießkanne oder Schlauch und wiederholen Sie diese Prozedur mehrmals, bis der Boden gründlich durchfeuchtet ist. Breitwüchsige Sträucher brauchen nicht gestützt zu werden. Schmale, dem Wind ausgesetzte Sträucher, werden durch einen Pfahl an der Windseite geschützt (mit Baumband oder Kokosstrick an einem Haupttrieb festbinden).

Zurückschneiden

Manchmal ist wegen der Reduktion der Wurzelmasse (nackte Wurzeln, Ballenabstich) auch ein Schnitt der oberirdischen Teile erforderlich. Fragen Sie beim Kauf danach und bitten Sie den Gärtner, diesen Schnitt für Sie durchzuführen, sofern Sie das Gehölz unmittelbar danach einpflanzen können. Schneiden Sie ansonsten den Strauch bis auf kräftige Haupttriebe zurück; daraus treiben neue Seitentriebe aus.

EXPERTENTIP

Lassen Sie sich große Sträucher liefern.

QUERVERWEISE

Bodenverbesserung Seite 26/27
Sträucher schneiden Seite 66/67

Rosen pflanzen

Kurzinformation

Angebotsformen

Containerrosen
Rosen mit nackten Wurzeln

Werkzeug

Spaten oder Grabgabel
Pflanzschaufel
Gartenschere
Gießkanne
Handschuhe

Material

Humus oder Kompost
Horn-, Knochen- und Steinmehl

Pflanzzeit

Spätherbst oder Frühling
Containerpflanzen ganzjährig

Zeitaufwand

Vorlauf:
2 – 3 Wochen für Bodenverbesserung
2 – 12 Stunden wässern
Pflanzung:
ca. 30 Minuten pro Rose

Boden vorbereiten und Wässern
Graben Sie 3 – 4 Wochen vor dem Pflanzen die Pflanzstelle zwei Spaten tief um, und mischen Sie den Aushub mit einem Eimer Humus oder Kompost, Horn-, Knochen- und Steinmehl. Geben Sie dann alles zurück in das Pflanzloch.
Rosen mit nackten Wurzeln dürfen auf keinen Fall austrocknen und gehören daher sofort nach dem Kauf in einen Eimer mit Wasser (3 – 12 Stunden stehenlassen). Dies gilt umso mehr, wenn Sie die Rosen nach Katalog bestellen und per Post/Boten angeliefert bekommen.

Wurzel beschneiden
(Bei Containerrosen ist dieser Schritt nicht erforderlich). Eine Rose besitzt mindestens zwei oder drei grüne Triebe, Wurzeln und dazwischen die sogenannte Veredelungsstelle. Hier wurde auf die Wurzel einer Wildrose ein kurzes Sproßstück mit einer Knospe aufgepfropft, aus der die Edelrose auswächst. Schneiden Sie verletzte (geknickte) Wurzelteile ab, und kürzen Sie die übrigen Wurzeln auf 15 – 20 cm Länge ein. Tauchen Sie die Wurzel anschließend in einen Brei aus Lehm und Wasser ein.

Rosen brauchen einen tiefgründigen, nährstoffreichen Boden an sonniger Stelle mit gutem Luftaustausch.

Einsetzen
Graben Sie mit Spaten oder Pflanzschaufel ein Loch in den vorbereiteten Boden. Es muß doppelt so groß und so tief sein, daß die gesamte Wurzel hineinpaßt und die Veredelungsstelle etwa eine Handbreit (5 – 10 cm) unter die Erde zu liegen kommt (probeweise hineinstellen).

Erde auffüllen
Mischen Sie den Aushub mit Humus oder Kompost und füllen ihn um die Wurzeln ein. Rütteln Sie die Rose leicht hin und her, damit die Erde zwischen die Wurzeln dringt. Gießen Sie immer wieder etwas Wasser nach.

Einschlämmen
Schichten Sie die Erde zu einem 15 – 20 cm hohen Haufen um den Sproßbereich auf (»häufeln«). Bei der Herbstpflanzung bleibt dieser Haufen den gesamten Winter über liegen. Geben Sie aus der Gießkanne reichlich Wasser zu, damit keine Hohlräume im Boden verbleiben. Wiederholen Sie diesen Vorgang mehrmals, bis die Erde kräftig durchfeuchtet ist.
Im Frühling gepflanzte Rosen treiben bald aus; entfernen Sie nach 3 – 4 Wochen die aufgehäufelte Erde (Handschuhe anziehen!).

Zurückschneiden
Containerrosen werden nach der Pflanzung nicht beschnitten, warten Sie damit bis zum nächsten Frühling. Im Herbst gepflanzte Rosen mit nackten Wurzeln kürzen Sie auf handliche 30 – 40 cm ein (wird aber meist von der Gärtnerei erledigt); warten Sie auch hier mit dem endgültigen Schnitt bis zum Frühling.
Im Frühling gepflanzte Rosen werden auf etwa 4 – 5 »Augen« (Knospen) bei kräftigen, auf etwa 2 – 4 Augen bei dünnen Trieben gekürzt.

EXPERTENTIP
Kaufen Sie Rosen in spezialisierten Gärtnereien.

QUERVERWEISE
Rosen schneiden Seite 74/75
Pflanzenporträts Seite 134 – 139

Eine Hecke pflanzen

Kurzinformation

Angebotsformen

Containersträucher
Ballensträucher
Sträucher mit nackten Wurzeln

Werkzeug

Grabgabel oder Spaten
Gießkanne oder Schlauch

Material

Humus
Horn- oder Knochenmehl

Pflanzzeit

Herbst bis Frühling
Containersträucher ganzjährig

Zeitaufwand

1–2 Stunden je Heckenmeter

Die Vorbereitung
Messen Sie die Länge der geplanten Hecke aus, und lassen Sie sich in der Baumschule oder Gärtnerei beraten, wie viele Heckensträucher in welchem Abstand gepflanzt werden müssen. Spannen Sie eine Schnur (Abstand von der Grundstücksgrenze = halbe Endbreite der Sträucher), und heben Sie Pflanzlöcher, bzw. bei engstehenden Sträuchern (z.B. Liguster, Hainbuche) einen Graben aus. Lockern Sie den Boden 50 cm tief auf.

Sträucher einsetzen
Mischen Sie bei nährstoffarmen Böden dem Aushub Kompost, etwas Horn- oder Knochenmehl zu. Legen Sie die Sträucher entlang der Heckenlinie zurecht. Bei lockeren Hecken gehen Sie Pflanzloch für Pflanzloch vor, bei engstehenden Hecken stellen Sie die Sträucher nebeneinander im Graben auf. Lassen Sie zugebundene Sträucher bis zum Pflanzschnitt zugebunden – Sie tun sich leichter, wenn die Triebe zusammengebunden sind.

Offene Hecken aus gestaffelten Sträuchern brauchen mehr Raum, sind aber weniger pflegeintensiv als Schnitthecken.

Erde anfüllen
Füllen Sie nun Pflanzlöcher oder Graben mit dem vermischten Aushub. Korrigieren Sie die Stellung der Sträucher: Sie sollten gerade und in gleichem Abstand voneinander stehen (bei Schnitthecken). Treten Sie die Erde vorsichtig mit den Füßen fest, und formen Sie dann einen Erdwall um die Sträucher.

Angießen
Schlämmen Sie die losen Erdteilchen mit reichlich Wasser um die Wurzeln ein. Bei längeren Hecken empfiehlt sich der Gebrauch eines Gartenschlauches.
Gießen Sie auch an den folgenden Tagen reichlich.
Öffnen Sie nun eventuell zusammengebundene Triebe, damit sich diese vor dem Pflanzschnitt aushängen können.

Pflanzschnitt
Sofern das nicht von der Baumschule erledigt wurde, müssen Sie die Haupttriebe von Laubholzsträuchern um etwa ein Drittel ihrer Länge, Seitentriebe auf die Hälfte einkürzen. Nadelhölzer werden nicht beschnitten, sie müssen zunächst ihre Endhöhe erreichen.

EXPERTENTIP
Sprechen Sie sich mit Ihrem Nachbarn ab.

QUERVERWEISE
Sträucher pflanzen Seite 46/47
Pflanzenporträts Seite 122 – 133

Bäume pflanzen

Kurzinformation

Angebotsformen

Containerbäume
Ballenbäume
Bäume mit nackten Wurzeln

Werkzeug

Grabgabel und Spaten
Vorschlaghammer (Stütze)
Gießkanne oder Schlauch

Material

Kokosstrick oder Baumband
Stützpfahl
Humus
Horn- oder Knochenmehl

Pflanzzeit

Herbst bis Frühling
Containerpflanzen ganzjährig

Zeitaufwand

ca. 2 Stunden pro Baum

Vorbereitung und Baum einsetzen
Zur Standfestigkeit und Aufnahme von Wasser und Nährstoffen brauchen Bäume ein umfangreiches Wurzelwerk. Heben Sie ein Pflanzloch aus (doppelte Ballenbreite), und lockern Sie den Untergrund (noch etwa 80 cm tief) sowie die Seitenwände des Loches mit der Grabgabel auf. Mischen Sie den Aushub mit Humus, Horn- und Knochenmehl. Stellen Sie den Baum in das Pflanzloch; er muß genauso tief stehen wie in der Baumschule.

Ballentuch entfernen
Öffnen Sie vorsichtig mit Schere oder Messer die Verschnürung des Ballentuches. Schneiden Sie das Ballentuch ein, und ziehen Sie es in Streifen vom Ballen ab. Einige Tuchreste dürfen ruhig am Ballen verbleiben, da die Wurzeln hindurchwachsen und das Tuch später im Boden verrottet.

Bäume prägen mit ihrer markanten Form das Bild jedes Gartens. Suchen Sie vor der Pflanzung nach dem optimalen Standort.

Pfosten einschlagen

Schlagen Sie dicht neben dem Ballen einen Pfosten in den Boden des Pflanzloches. Prüfen Sie dessen Stabilität durch eine Rüttelprobe. Der Pfosten muß auf der Seite der vorherrschenden Windrichtung stehen.

Baum festbinden

Legen Sie ein Baumband (oder Kokosstrick) um den Stamm, drehen Sie es zu einer Acht, und binden Sie es locker am Pfosten fest; nach einer bis zwei Wochen endgültig festbinden. Nadelbäume werden an einen schrägen Pfahl gebunden.

Erde auffüllen

Kontrollieren Sie, ob der Baumstamm senkrecht steht, noch können Sie korrigieren. Füllen Sie den Aushub in das Pflanzloch. Rütteln Sie Bäume mit nackten Wurzeln vorsichtig hin und her, damit die Erde zwischen die Wurzeln dringt. Gießen Sie zwischendurch zum besseren Verteilen der Erde immer wieder Wasser nach. Treten Sie die Erde mit den Füßen fest, und formen Sie mit dem restlichen Aushub einen Krater.

Gießen

Gießen Sie nun in den Krater, und schlämmen Sie mit Gießkanne oder Wasserschlauch die feinen Erdteilchen zwischen die Wurzeln; mehrfach wiederholen, wenn das Wasser versickert ist. Gießen Sie den Baum auch an den folgenden Tagen, jedoch nicht mehr soviel wie beim Einschlämmen.

EXPERTENTIP

Prüfen Sie den Standort mit einem Platzhalter.

QUERVERWEISE

Bäume stützen Seite 68/69
Äste schneiden Seite 70/71

Kübel und Kästen bepflanzen

Kurzinformation

Werkzeug

Pflanzschaufel
Gießkanne

Material

Blumenerde
Tonscherben oder
Kieselsteine

Pflanzzeit

ganzjährig nach Bedarf

Zeitaufwand

ca. 30 Minuten für einen
mittelgroßen Kübel

Kübelformen

Terrakotta (natur):
elegant bis rustikal
glasierter Ton:
in sehr vielen Stilen
Kunststoff:
wirkt unnatürlich
Holz:
nur mit innerer Verkleidung
Metall:
auffällig

Pflanzkübel vorbereiten
Kaufen Sie nur Pflanzkübel mit Abzugslöchern im Boden, sonst entsteht Staunässe. Legen Sie Tonscherben oder Kieselsteine auf den Boden, um das Abzugsloch abzudecken.

Erde einfüllen
Füllen Sie nun Blumenerde (vom Blumenhändler oder mit etwas Sand vermischter Kompost) so hoch ein, daß die Ballenoberfläche der größten Pflanze etwa 3 cm unter dem Rand des Kastens abschließt, wenn Sie die Pflanze auf die Erde stellen. Drücken Sie die Erde leicht an.

Pflanzkübel, die rasch bepflanzt und universell verwendbar sind, lockern das Erscheinungsbild des Gartens auf.

Mittlere Pflanze einsetzen

Beginnen Sie mit der Bepflanzung in der Mitte des Kastens mit der größten und höchsten Pflanze. Geben Sie etwas Blumenerde zu, damit die Pflanze sicher steht. Füllen Sie so viel Erde auf, daß die Ballenoberflächen der übrigen Pflanzen ebenfalls etwa 3 cm unter dem Rand abschließen.

Restliche Pflanzen einsetzen

Verteilen Sie nun die übrigen Pflanzen im Kasten. Zur Blütezeit sollten alle Blüten gut sichtbar sein, ohne daß der Kasten allzu symmetrisch wirkt. Planen Sie auch überhängende Pflanzen ein.
Achten Sie bei der Auswahl der Blütenfarben auf ein harmonisches Bild.

Erde auffüllen und gießen

Füllen Sie nun die restliche Erde zwischen den Pflanzen auf. Drücken Sie sie mit den Fingern fest. Zwischen Erdoberfläche und oberem Kastenrand sollte ein etwa 3 cm hoher Gießrand bleiben. Füllen Sie beim Gießen den gesamten Kasten auf. Das versickernde Wasser durchtränkt den Boden, überschüssiges Wasser fließt unten ab.
Prüfen Sie an sehr heißen Tagen die Erde mit dem Finger, und gießen Sie eventuell mehrmals am Tag.

EXPERTENTIP
Mehrere kleine Töpfe wirken lebendiger als ein großer.

QUERVERWEISE
Mit Blumen malen Seite 148 – 155
Stauden teilen Seite 66/67

SV

Pflanzen pflegen

»Ohne Schweiß kein Preis«, das gilt auch für einen Garten. Teilen Sie die notwendigen Arbeiten gut ein.

Für viele Menschen bedeutet »Pflege« vor allem lästige Arbeit. Da man sich im Garten entspannen möchte, scheint für sie hier ein Widerspruch vorzuliegen. Andererseits wird ein ungepflegter Garten schon bald nicht mehr dem Anspruch gerecht, der Entspannung zu dienen.
Auswege aus diesem Dilemma bietet zunächst die Wahl der Gartenform. Wer sich seiner unüberwindlichen Abneigung gegen Gartenarbeit sicher ist, aber dennoch nicht auf etwas Grün um sich herum verzichten möchte, sollte sich für einen möglichst »pflegeleichten« Garten entscheiden und auch Pflanzen wählen, die nicht zu pflegeintensiv sind.

Gartenarbeit als Vergnügen

Warum trennen wir so scharf zwischen Arbeit und Freizeit? Offensichtlich doch, weil Arbeit notwendig ist, uns aber nicht befriedigt, und wir die Erfüllung in der Freizeit suchen. Machen Sie die Arbeit im Garten einfach zu einem befriedigenden, entspannenden Bestandteil Ihrer Freizeit. Stellen Sie nicht den Arbeitsaufwand in den Vordergrund, sondern betrachten Sie dies als Freizeitvergnügen. Es ist ein wunderbares Gefühl, zurückzutreten und einen sauber beschnittenen Strauch zu betrachten. Er wird austreiben und Sie ein Jahr lang mit einer schönen Wuchsform, hübschen Blättern und prächtigen Blüten belohnen.
Das gleiche gilt für die weitaus zeitaufwendigere Beschäftigung mit Staudenbeeten. Ärgern Sie sich nicht über das mühevolle Unkrautjäten, Düngen und Gießen, sondern denken Sie positiv. Mit jeder Arbeitsstunde kommen Sie Ihrem Ziel – einem prachtvoll blühenden Beet – ein Stückchen näher. Wenn Sie solche Arbeiten aufschieben oder gar unterlassen, ist der Ärger über ein verwildertes Beet groß und trübt das Freizeitvergnügen. Nehmen Sie sich nicht zuviel auf einmal vor, sondern machen Sie kleine, übersichtliche Schritte.
Die erforderlichen Techniken – sie werden im Folgenden vorgestellt – sind leicht zu erlernen.

Je größer und bunter der Garten, desto arbeitsintensiver ist er. Dennoch: Die Mühe lohnt.

Pflegearbeiten im Garten

Die Pflege seiner Gartenpflanzen kann man schwer oder leicht, kompliziert oder einfach angehen. Sicher spielt auch das Temperament des Gartenbesitzers eine Rolle. Spontane Menschen werden an einem Samstagvormittag in den Garten gehen und die Arbeit aufnehmen, die ihnen gerade ins Auge springt. Systematiker erarbeiten genaue Pläne und arbeiten diese Schritt für Schritt ab. Der Weg zu einem perfekt gepflegten Garten liegt wie immer irgendwo in der Mitte. Bestimmte, regelmäßig anfallende Arbeiten erledigt man am besten nach Plan, während andere durchaus nach Belieben – und Laune! – vorgenommen werden können. Jeder führt einen beruflichen und/oder privaten Terminkalender, warum also nicht auch einen für den Garten, in dem die wichtigsten Termine vermerkt sind?

Jährlich anfallende Arbeiten
Planen Sie langfristig voraus, denn solche Arbeiten brauchen stets eine gewisse Zeit.

▶ Einmal pro Jahr muß der Komposthaufen umgesetzt und der Kompost auf die Beete verteilt werden. Nehmen Sie sich dafür im beginnenden Frühjahr einen Tag Zeit, dann sind die austreibenden Pflanzen für die Kompostgabe besonders dankbar.

▶ Auch das Beschneiden der Bäume und Sträucher erfordert Sorgfalt und damit einen gewissen Zeitaufwand. Es hat keinen Sinn, diese Arbeit zu lange aufzuschieben – spätestens zu Beginn der Wuchsperiode müssen Sie damit fertig sein.

▶ Da Stauden nach der Blütezeit geteilt werden, fällt diese Arbeit in eine Zeit, in der man sich seltener im Garten aufhält. Nutzen Sie die Gelegenheit, sich noch einmal ausgiebig mit den Pflanzen zu beschäftigen. Die Stauden werden bis zum Winter erste neue Wurzeln bilden und damit im Frühling bessere Startchancen haben.

Jahreszeitlich anfallende Arbeiten
Hierzu gehört vor allem das Düngen. Allgemeine Düngeregeln auszusprechen, ist kaum möglich, daher finden Sie bei den Pflanzenporträts Angaben zum Düngerbedarf.

Sicherheit muß großgeschrieben werden
Beim Häckseln Schutzbrille verwenden und Handschuhe tragen.

▶ Legen Sie sich eine Checkliste an, in der Sie die Düngezeiten für die jeweiligen Pflanzen eintragen und abhaken können.

Einmal pro Jahr sollten Sie den Boden mit einer langfristig wirkenden Gabe organischen Düngers (z.B. Hornspäne oder Knochenmehl) nach Angaben des Herstellers versorgen.

▶ Mehrmals pro Jahr wird auch die Mulchschicht auf den Beeten erneuert. Vor allem in größeren Gärten fällt oft mehr Rasenschnitt an, als Kompost oder Biotonne fassen können. Verteilen Sie den Rasenschnitt oder zerkleinerte Unkräuter dünn auf den Beeten. Sie geben einen guten Sommermulch ab. Der Boden bleibt feucht, und heftige Gewitterregen treffen nicht direkt auf den Boden auf.

Im Herbst fällt Laub an, das man unter Sträuchern und Bäumen ausbreiten kann.

Im Handel angebotener, feiner Rindenmulch verrottet sehr langsam. Er gehört im Herbst in dünner Schicht, im Frühling im Gemisch mit Humus auf die Beete. Auch Beerensträucher und Hecken sind für eine in Herbst und Frühling aufgebrachte Rindenmulchschicht sehr dankbar.

▶ Wenn Sie einen großen Garten mit zahlreichen Bäumen und Sträuchern besitzen, fallen regelmäßig größere Mengen an Zweigen an. Nur in

Das Gießen gehört zu den zeitaufwendigsten Gartenarbeiten – ein Regner hilft Zeit sparen.

solchen Fällen lohnt sich die Anschaffung eines Shredders, um Material für Mulch und Kompost herzustellen.

Häufiger anfallende Arbeiten

Daß ein Zierrasen einmal wöchentlich gemäht werden sollte, weiß jeder.

▶ Genauso wichtig ist jedoch, vor allem im Frühling, das regelmäßige Jäten im Beet, damit sich die Unkräuter gar nicht erst etablieren können. Entfernen Sie Unkraut stets vor der Blüte, damit es gar keine Chance zur weiteren Verbreitung hat. Ausdauernde Unkräuter wie Giersch oder Ackerwinde (siehe Seite 24/25) lassen sich nur schwer beseitigen – und auch das nur, wenn Sie ständig hinterher sind und jedes noch so kleine Würzelchen sorgfältig entfernen.

▶ Gehen Sie zur Hauptblütezeit einmal täglich für 10 Minuten mit der Schere durch den Garten, und schneiden Sie Verblühtes ab. Das ist weit mehr als eine »kosmetische« Maßnahme, denn fast alle Pflanzen treiben aus Seitenknospen eine zweite Blütengeneration aus.

▶ Vergessen Sie das Gießen nicht. Mit der Gießkanne können Sie gezielt einzelne Pflanzen bewässern, bei größeren Rasen- oder Beetflächen lohnt sich jedoch die Anschaffung eines Bewässerungssystems (Regner oder perforierter Schlauch). Regner aufstellen, Wasser anschließen, fertig. Gießen Sie morgens oder/und abends, nie tagsüber bei Sonnenschein.

Pflanzenschäden erkennen und beseitigen

Schadbild	Beschreibung	Bekämpfung und Tips
	**Blattläuse an Rosen** Grüne bis fast schwarze, kleine Läuse, die sich auf den frischen, grünen Pflanzenteilen (Rosen u.a. Pflanzen) aufhalten; Blätter rollen sich ein, werden wellig, Knospen verkümmern.	Blattläuse sind die Nahrung vieler Nützlinge (Marienkäfer!), chemische Präparate daher nur bei starkem Befall verwenden. Sammeln Sie die Läuse im Frühjahr ab, und gießen Sie mit Brennesselbrühe.
	**Rosenblattwespe** Nur 5 mm großes Insekt; legt seine Eier unter Blättern von Rosen ab; die 1 cm lange Larve frißt fensterartige Löcher in die Blätter.	Ernsthafte Schäden treten nur bei wiederholtem, massivem Befall auf. Verwenden Sie dann ein Fraß- oder Kontaktmittel (Fachhandel).
	**Echter Mehltau** Pilz, der aus Sporen durch die Spaltöffnungen in die Blätter (Rosen, Gemüse, Beerensträucher, Stauden) einwandert; weißlicher Belag auf den Blättern.	Vorbeugend beim Gießen die Blätter nicht besprühen und ausreichende Pflanzabstände einhalten. Spritzen mit Schachtelhalmbrühe (Extrakte im Fachhandel). Fungizide (Fachhandel) nur bei starkem Befall anwenden.
	**Falscher Mehltau** Pilzkrankheit auf Gemüse und Wein; Blattunterseite mit weißgrauen, Blattoberseite mit gelben bis rotbraunen Flecken.	Behandlung wie Echter Mehltau.

Gegen Insekten, Pilze und Pflanzenviren ist niemand gefeit. Greifen Sie aber nicht bei jeder Krankheit zur »chemischen Keule«.

Schadbild	Beschreibung	Bekämpfung und Tips
	**Schorf** Pilzerkrankung bei Obstbäumen (Äpfel, Birnen); zuerst olivgrüne bis dunkle Flecken auf den Blättern, dann dunkle Flecken und Narben auf den Früchten.	Vorbeugend: Ausreichende Pflanzabstände, lichte Kronen. Fragen Sie beim Kauf von Obstbäumen nach resistenten Sorten. Fungizide (Fachhandel) nur bei starkem Befall einsetzen.
	**Monilia-Fruchtfäule** Schimmelpilz auf Kernobst und Kirschen. Für den Befall sind Verletzungen erforderlich. Kreisförmig wachsende Schimmelringe.	Entfernen Sie die Früchte beim ersten Anzeichen eines Befalls.
	**Feuerbrand** Seltene Bakterienkrankheit bei Kernobst und einigen Ziergehölzen: Die Knospen werden schwarz und treiben nicht aus. Die Triebe sehen wie verbrannt aus.	Meldepflichtige Pflanzenkrankheit (Pflanzenschutzamt). Zweige bei den ersten Symptomen sofort großzügig abschneiden und verbrennen, keinesfalls auf den Kompost werfen!
	**Schneckenfraß** Junge, grüne Triebe mit deutlichen Fraßspuren. Schnecken sind nachtaktiv und verstecken sich am Tag.	Schnecken am besten absammeln; Schneckenzäune oder Schneckenfallen aufstellen; wertvolle Gewächse nachts mit einem Einweckglas abdecken.

Rasen mähen, bewässern, düngen

Kurzinformation

Schnitthöhen für Rasen

Gebrauchsrasen (wird betreten und genutzt):
30 mm im Frühling, Herbst und bei extremer Trockenheit
25 mm im Sommer

Zierrasen (wird nur selten betreten):
18-20 mm im Frühling, Herbst und bei extremer Trockenheit
12 mm im Sommer

Werkzeug

Mäher mit Fangkorb und verstellbarer Schnitthöhe
Rasentrimmer
Kantenschneider
Düngerwagen
Regner oder Schlauch

Zeitaufwand

Gießen:
ca. 20 Minuten je Einstellfläche des Regners
Düngen:
mit Düngerwagen 5 Minuten pro Quadratmeter

Rasen mähen
Gräser haben ein dichtes Wurzelwerk - sie brauchen Wasser, Nährstoffe und müssen regelmäßig gemäht werden. Mähen Sie zunächst einen Rand um die Rasenfläche, und gehen Sie dann mit dem Mäher Bahn für Bahn, leicht überlappend über den Rasen.
Zierrasen muß häufiger gemäht werden als Gebrauchsrasen.

Mähen mit dem Rasentrimmer
An steilen Hanggrundstücken, auf sehr unregelmäßigen Böden, größeren »wilden Wiesen« oder zwischen dichtstehenden Bäumen mäht man bequem mit einem Rasentrimmer (Fadenschneider). Diese elektrischen Geräte (Kabel oder Akku) zerreißen die Grashalme mit einem rotierenden Kunststoffaden. Der Grasschnitt bleibt liegen und muß mit dem Rechen entfernt werden.
Tragen Sie aus Sicherheitsgründen beim Rasenmähen mit dem Rasentrimmer festes Schuhwerk oder Gummistiefel.

Der Rasen ist der »Präsentierteller« des Gartens. Damit das so bleibt, muß er regelmäßig und sorgfältig gepflegt werden.

Problemzonen mähen

Überall dort, wo der normale Rasenmäher versagt, wird das Gras mit einer Handschere oder einem elektrischen Rasenkantenschneider geschnitten. An Rasenkanten, entlang von gepflasterten Wegen, vor Mauern oder in engen Ecken müssen Sie zu dieser arbeitsintensiven Methode greifen. An manche Kantenschneider läßt sich ein Handgriff montieren, so daß diese Arbeit nicht auf den Knien durchgeführt werden muß.

Düngen

Rasenvolldünger wird meist in Form von Granulaten angeboten. Streuen Sie den Dünger in der Frühlingsmitte, nachdem Sie vorher den Rasen gemäht haben, mit einem Streuwagen oder per Hand gleichmäßig aus (beachten Sie die Packungsangaben). Bringen Sie dann einen Regner in Position, und schalten Sie das Wasser an (außer der Wetterbericht sagt Regen voraus!). Das Wasser löst die Düngerkörnchen auf und spült die Nährstoffe in den Wurzelbereich. Nicht aufgelöster Dünger verbrennt den Rasen und verursacht unschöne gelbbraune Flecken im satten Grün.

Bewässern

Sparen Sie in heißen Sommern nicht an Wasser (mindestens einmal wöchentlich am Abend) – Ihr Rasen wird es Ihnen danken. Automatische Impulsregner (große Flächen) verteilen das Wasser in Kreisabschnitten, Kreisregner (kleine Flächen) in ganzen, größenverstellbaren Kreisen und Viereckregner rechteckig. Bei kleineren Flächen tut es auch der Wasserschlauch mit feiner Düse (zeitaufwendig).

EXPERTENTIP

Mähen Sie im Sommer mindestens einmal wöchentlich.

QUERVERWEISE

Rasen anlegen Seite 38 – 40

Rasen begrenzen und ausbessern

Kurzinformation

Werkzeug

Vertikutierer (leihen)
Belüfter (Handgeräte)
Stachelbretter (Eigenbau)
Rechen, Spaten, Grabgabel
Schnur
Rasenkantenstecher
oder Spaten

Material

Rasenkantensteine
Kantenband (Metall, Kunststoff)
Gartenerde, Sand

Zeitaufwand

Kantsteine setzen:
1 – 2 Stunden pro Meter
Kanten abstechen:
20 Minuten pro Meter
Vertikutieren (mit Abrechen):
30 Minuten pro Quadratmeter
Schäden ausbessern:
ca. 1 Stunde pro Quadratmeter (abhängig vom Schaden)

Feste Rasenkanten
Rasenkanten grenzen den Rasen ein und sorgen für ein geschlosseneres Bild. Sie verhindern auch die Wurzelkonkurrenz von Bäumen oder in den Rasen einschwingender Beete. Natur- und unaufdringliche Kunststeine (preiswerter) fügen sich in die meisten Gärten ein, gerade Betonplatten wirken dagegen sehr streng. Versenkbare, bandförmige Begrenzungen aus Metall oder Kunststoff werden so tief eingelassen, daß man mit Rasenmäher oder Kantenschneider darübergehen kann.

Freie Rasenkanten
Wer aus ästhetischen Gründen den Einbau einer festen Rasenkante ablehnt, sollte jedes Frühjahr die Rasenkanten sauber abstechen. Am besten geht dies mit einem speziellen Rasenkantenstecher, zur Not auch mit einem Spaten.
Spannen Sie eine Schnur entlang der Kante und stechen Sie die Grassoden schräg ab (vom Rasen zum Beet abfallend). Runde Rasenkanten werden »nach Gefühl« abgestochen oder mit einem Schnurzirkel markiert.

Zur Rasenpflege gehört auch die »Flächenkosmetik«, das Ausbessern vermooster oder schadhafter Stellen und die Kantenpflege.

Schadhafte Stellen ausbessern
Schadhafte Stellen sollten großflächig abgestochen werden (Grassoden auf den Kompost werfen). Entfernen Sie alle restlichen Graswurzeln, und tiefen Sie den freiliegenden Bereich einige Zentimeter ein.

Boden verbessern
Füllen Sie die freiliegende Fläche mit einer Mischung aus Gartenerde und Sand auf, bzw. tragen Sie bei Hebungen so viel Erde ab, bis die Oberkante der Grube (plus Grassoden!) bündig mit dem Rasen abschließt.

Rasenfläche wiederherstellen
Passen Sie bei Hebungen nach dem Abtragen der überschüssigen Erde oder bei Senkungen, die mit Erde aufgefüllt wurden, die abgehobenen Grassoden wieder ein, und gießen Sie gründlich.
Bei den großflächig abgestochenen Schäden wird nach dem Verbessern des Bodens entweder neuer Rasen eingesät oder von einer Randstelle eine gesunde Grassode eingepaßt.

Vertikutieren
Vermooste Stellen im Rasen sind meist ein Hinweis auf Staunässe. Gehen Sie mit einem Vertikutierer über die Fläche (Überreste gründlich ausrechen), und streuen Sie Sand auf die behandelte Fläche. Arbeiten Sie den Sand mit einem Rechen leicht in den Boden ein. Bei kleinen Flächen wird der Boden mit einer Grabgabel, sogenannten Belüftern oder mit selbstgemachten Stachelbrettern aufgelockert und mit Sand versetzt.
Auf größeren Flächen hilft nur der Austausch des Bodens und eine Neuaussaat.

EXPERTENTIP
Moosvernichter schaffen nur kurzfristige Abhilfe.

QUERVERWEISE
Schnurzirkel Seite 28/29
Rasen einsäen 38/39

Stauden teilen und stützen

Kurzinformation

Werkzeug zum Teilen

Spaten
2 Grabgabeln
Gartenmesser

Material zum Stützen

Bambusstäbe
Metallstützen mit Ring
Stecksystem
Gartenschnur

Wann teilen?

Alle 3 – 4 Jahre (Spätsommer bis Frühherbst oder Frühjahr)

Wann stützen?

Frühjahr, wenn die Stauden austreiben.

Zeitaufwand

Teilen:
10 Minuten je Staude
Stützen:
2 – 3 Minuten bei Einzelstützen, 10 Minuten bei Systemen

Stauden teilen
Stechen Sie mit der Grabgabel rund um die Pflanze ein, und hebeln Sie das Wurzelwerk aus dem Boden. Ziehen Sie lockeres Wurzelwerk mit den Händen oder einem Gartenmesser auseinander. Große, verholzte Wurzelstöcke teilt man mit kräftigen Spatenstichen oder mit zwei, Rücken an Rücken eingestochenen Grabgabeln, die man hebelartig auseinanderdrückt. Trennen Sie dann mit einem Gartenmesser äußere Wurzelstücke mit Sproßansätzen ab – sie werden wieder eingepflanzt.

Stützen schlanker, hoher Stauden
Bambusstäbe sind preiswerte, sehr natürlich aussehende Stützen, die sich vielseitig verwenden lassen. Stecken Sie bei hohen Pflanzen (z.B. Kaiserkrone) einen Stab in die Erde, und binden Sie die Pflanze mit Gartenschnur fest (zu einer Acht legen).

Durch Teilung verjüngen Sie Ihre Pflanzen, während Stützen zarte Stauden vor dem Umknicken bewahren.

Stützen mit Metallring
Ein einziges, heftiges Sommergewitter kann hohe Pflanzen in einem Staudenbeet regelrecht niedermähen. Liegende Pflanzen wachsen senkrecht nach oben und bilden dabei einen »Knick« aus, der sich nachträglich nicht mehr korrigieren läßt. Stäbe mit Metallring eignen sich besonders für einzelne, hohe Pflanzen wie Rittersporn.

Stützen breiter Stauden
Pflanzenstützen sollten wirksam, aber nicht aufdringlich sein. Großflächige, dicht an dicht stehende, etwa gleichhohe Stauden werden am besten mit einem Gerüst aus natürlich wirkenden Bambusstäben gestützt. Stecken Sie vier Stäbe zu einem Quadrat (ca. 50 x 50 cm) in den Boden, und verbinden Sie sie in angemessener Höhe durch waagerechte Bambusstäbe (Bindedraht). Bei Bedarf auch mehrere »Kästen« nebeneinanderstellen. Die Pflanzen wachsen in die Stützen ein und verbergen sie vollständig.

Großflächige Stützmaßnahmen
Auch käufliche Stecksysteme eignen sich für großflächige Stützmaßnahmen. Das Prinzip basiert auf senkrechten Stäben, die über Haken mit waagerechten Stangen verbunden werden. Horstartig wachsende Stauden stützt man mit einem Einzelstab, an dem Ringe mit unterschiedlichem Durchmesser angebracht werden (besonders vorteilhaft sind höhenverschiebbare Ringe).

EXPERTENTIP
Rhizome in fingerlange Stücke teilen.

QUERVERWEISE
Stauden pflanzen Seite 42/43

Bäume und Sträucher stützen und schützen

Kurzinformation

Material zum Stützen

Stützpfahl/-pfähle
20 – 30 cm Gartenschlauch oder Manschette
Jute
Baumband oder Kokosstrick

Werkzeug zum Stützen

Vorschlaghammer
Messer

Material zum Winterschutz

Rindenmulch
Stroh
stabile Bambusstäbe
Bindedraht
Jutegewebe

Zeitaufwand

Stützen:
je nach Konstruktion 30 Minuten bis 1 Stunde

Winterschutz:
Beet mulchen ca. 20 Minuten pro Quadratmeter; »Zelt« bauen 1 Stunde

Koniferen stützen
Treiben Sie nach der Pflanzung einen Pfahl schräg (im Winkel von etwa 45°) in den Boden. Das obere Ende des Stützpfahls muß in die Hauptwindrichtung zeigen. Der Pfosten sollte nah an dem Baumstamm vorbeigeführt werden und fest im Boden sitzen. Binden Sie den Haltepfosten mit einem Band (zu einer Acht drehen) am Baumstamm fest. Überprüfen Sie nach einigen Wochen, wenn sich die Erde gesetzt hat, die Halterung, und korrigieren Sie den Sitz des Haltebandes.

Mehrere Stützen für größere Bäume
Bei großen Bäumen oder solchen, die dem Wind besonders ausgesetzt sind, reicht ein einzelner Stützpfahl nicht aus. Schlagen Sie drei oder vier Pfähle dicht um den Stamm in die Erde, und nageln Sie oben Brettchen als Abstandhalter auf. Legen Sie eine Manschette (z.B. durch einen Gartenschlauch gezogener Draht) um den Baumstamm, und spannen Sie Drähte oder Kokosstricke bis zu den Pfosten.

Baumstützen verhindern, daß die zarten, neuen Wurzeln durch Windbewegungen des Stammes zerrissen werden.

Stützpfahl für kleine Bäume
Kleinere Bäume können mit Hilfe eines Pfostens gestützt werden. Legen Sie ein Baumband oder einen Kokosstrick um den Stamm, und befestigen Sie es am Pfosten. Schützen Sie den Stamm im ersten Winter mit einer Juteumwicklung.

Manschette als Stammschutz
Verwenden Sie eine Gummischlaufe (Fachhandel), alte Fahrradschläuche oder einen Gartenschlauch als Manschette. Legen Sie bei Einzelstützen die Spannschnur (Gummischlaufe) zu einer Acht.

Winterschutz
Empfindliche Sträucher müssen in den ersten Jahren vor Frost geschützt werden. Packen Sie Stroh und Fichtenzweige zwischen das Geäst, und decken Sie den Strauch mit Fichtenzweigen ab.
Noch besseren Schutz erreichen Sie mit einem »Indianerzelt« aus festen Bambusstäben (oben zusammenbinden). Darüber kommt eine »Zeltplane« aus Jutegewebe (alte Säcke), die mit Bindedraht an den Stützen befestigt wird.

Winterschutz
Häufeln Sie die zu schützende Staude mit Erde an, und breiten Sie Rindenmulch und Laub einige Zentimeter hoch auf den Beeten aus (Isolator). Binden Sie die Zweige zusammen, und umwickeln Sie das Ganze mit Strohmatten oder Sackleinen.

EXPERTENTIP
Pfostenlänge = Stammlänge + Wurzelballen + 30 cm.

QUERVERWEISE
Bäume pflanzen 52/53
Pflanzenporträts Seite 122 – 133

Bäume beschneiden

Kurzinformation

Werkzeug

Astsäge
Astschere
Gartenmesser

Material

Wundverschlußmittel

Zeitpunkt

Herbst oder Vorfrühling

Zeitaufwand

ca. 1 Stunde

Einen Ast absägen: 1. Schritt
Dicke Äste werden in drei Schritten entfernt:
Sägen Sie zunächst mit einer scharfen Astsäge einen von unten geführten Schnitt bis in die Mitte des Astes (20 cm Abstand vom Stamm).

Einen Ast absägen: 2. Schritt
Setzen Sie nun die Säge 1 – 2 cm weiter nach außen, und sägen Sie den Ast von oben her an.
Bricht der Ast jetzt nicht von allein ab, helfen Sie vorsichtig etwas nach.

Links: Ausgefranste Schnittränder verheilen schlecht.
Mitte: Schnitt sitzt zu hoch über der Seitenknospe.
Rechts: Korrekter Schnitt.

Das A und O eines erfolgreichen Gehölzschnittes sind eine scharfe Astschere und die korrekte Schnittführung.

Einen Ast absägen: 3. Schritt
Nachdem nun ein Großteil des Astes abgeschnitten ist, können Sie ins Detail gehen:
Führen Sie zum Abschluß einen dritten Schnitt, möglichst bündig, nah am Stamm entlang.
Achten Sie beim Astschneiden darauf, daß Sie einen festen Stand haben, vor allem, wenn der Ast sehr hoch am Baum sitzt. Prüfen Sie vorher die Schneidwerkzeuge auf ihre Schärfe.

Wundränder glätten
Schneiden Sie mit einem scharfen Gartenmesser die Ränder glatt. Entfernen Sie alle Splitter und Erhebungen bis in die Stammrinde hinein. Die Wundfläche sollte so glatt und sauber wie nur möglich sein, damit sich so wenig wie möglich Ansatzstellen für Wassereintritt oder Pilzinfektionen bilden.

Wunde versiegeln
Dichten Sie nach dem Schnitt die Fläche mit Wundverschlußmittel ab; besonders praktisch sind Tuben, die direkt über die Wunde gestrichen werden.

Sauberer Wundverschluß
Ein sauberer, glatter und durchgehend abgedichteter Wundverschluß ist die beste Lebensversicherung für Ihren Baum.

EXPERTENTIP
Fragen Sie beim Kauf des Gehölzes nach dem Pflanzschnitt.

QUERVERWEISE
Bäume pflanzen Seite 52/53
Pflanzenporträts Seite 124/125

Hecken schneiden

Kurzinformation

Werkzeug

Handheckenschere
elektrische Heckenschere
Astschere
Stehleiter oder Gerüst
Spannschnur und Stützen
Wasserwaage
Handschuhe
Schutzbrille

Zeitpunkt

Laubholzhecken:
Herbst oder Frühjahr; größere Hecken (nach der Vogelbrut) nochmals im Juli oder August

Immergrüne Hecken:
Spätherbst oder Vorfrühling

Zeitaufwand

ca. 20 Minuten je Heckenmeter

Junge Hecken beschneiden
Unmittelbar nach der Pflanzung werden die Haupttriebe einer Laub- oder Nadelholzhecke auf die Hälfte zurückgeschnitten. Damit die Hecke später dicht wächst, wird sie im nächsten Herbst nochmals beschnitten. Kürzen Sie alle Seitentriebe und die hochragenden Endtriebe auf eine einheitliche Länge ein.
Verwenden Sie für diese Arbeit keine Heckenschere, sondern nehmen Sie sich Zweig für Zweig mit einer scharfen Astschere vor.

Heckenschnitt in den ersten Jahren
Da eine Hecke in den ersten Jahren häufig ein wenig unregelmäßig wächst, können Sie mit einer Handschere und Astschere eher korrigierend eingreifen. Schneiden Sie die Oberfläche der Hecke glatt, und achten Sie auf lange, herauswachsende Triebe, die mit der Astschere eingekürzt werden.
Als Faustregel gilt, daß die seitlichen Triebe benachbarter Sträucher ineinander übergehen sollten.

In den ersten beiden Jahren werden Hecken mit Ast- oder Handheckenschere beschnitten, erst dann mit einem Motorgerät.

Der regelmäßige Heckenschnitt
Hat sich Ihre Hecke etabliert, wird sie regelmäßig beschnitten. Netzabhängige Scheren brauchen ein ausreichend langes Kabel (Gürtelschlaufe, -halterung). Geräte mit Akkus machen Sie zwar unabhängig vom Netz, prüfen Sie jedoch beim Kauf, wie lange eine Akkufüllung vorhält. Bei sehr langen Hecken können Sie natürlich auch auf ein motorbetriebenes Gerät zurückgreifen. Spannen Sie eine Schnur in der geplanten Endhöhe der Hecke (Wasserwaage).

Hecke beschneiden
Schneiden Sie die Heckenoberkante entlang der Spannschnur gerade ab. Schneiden Sie dann die Seitenwände der Hecke von oben nach unten glatt ab.
Achten Sie unbedingt auf Sicherheit! Tragen Sie Handschuhe, feste, aber bequeme Kleidung, und auch eine Schutzbrille. Verwenden Sie bei hohen Hecken stets stabile Gerüste.
Heckenschnitt von Laubholzhecken gehört auf den Komposthaufen oder, leicht angerottet, als Mulch auf Strauchbeete oder unter die Hecke.

Kastenschnitt
Jede Hecke wird in ihrem oberen Teil besser mit Sonne, Wasser und Nährstoffen versorgt. Wird sie im unteren Bereich zu schmal gehalten, verkahlt sie leicht. Schneiden Sie Laubholzhecken in Trapez- oder in Kastenform.

Trapezschnitt
Immergrüne Hecken schneidet man grundsätzlich in Trapezform, sie dürfen allerdings oben erst dann gekappt werden, wenn sie ihre Endhöhe erreicht haben.

EXPERTENTIP
Achten Sie unbedingt auf Sicherheit.

QUERVERWEISE
Hecken pflanzen Seite 50/51
Pflanzenporträts Seite 126 – 131

Rosen beschneiden und schützen

Kurzinformation

Werkzeug

scharfe Astschere
Handschuhe

Material

Mulch
Stroh
Fichtenzweige
Jutesäcke

Zeitpunkt des Schnittes

Frühjahr:
Wildrosen, einmal- und mehrfachblühende Strauchrosen, Kletterrosen, Beet- und Edelrosen

Sommer:
mehrfachblühende Strauch- und Kletterrosen

Zeitaufwand

ca. 20 Minuten je Strauch

Grundregeln des Rosenschnitts
Ziel des Schnittes sollte es sein, eine lockere Wuchsform aus einigen Haupttrieben zu erreichen, von denen aus die blütentragenden Zweige austreiben. Benutzen Sie eine scharfe Schere, die glatte Schnittflächen hinterläßt, und schneiden Sie schräg über einem Auge ab. Entfernen Sie zunächst alte, kahle und abgestorbene Haupttriebe. Dann werden alle übrigen Haupttriebe auf 30 – 50 cm Höhe zurückgeschnitten (bei größeren Rosensträuchern dürfen die Triebe ruhig länger sein). Sehen Sie noch Zweige, die quer zu den anderen wachsen? Entfernen Sie auch diese. Die stehengebliebenen Triebe sollten fächerartig auseinanderstreben und sich nicht behindern.
Einmalblühende Rosen (beim Kauf beachten) blühen an Kurztrieben des alten Holzes. Solche Rosen werden nur alle paar Jahre ausgelichtet, da sie sonst zu wenig blühen.

Rosenschnitt ist keine Geheimwissenschaft für Spezialisten. Die notwendige Erfahrung erwirbt man am besten in der Praxis.

Verblühtes entfernen
Entfernen Sie bei mehrfachblühenden Rosen regelmäßig Verblühtes, um einen neuen Blütentrieb anzuregen. Schneiden Sie Einzelblüten bzw. Blütenbüschel am Trieb dicht über dem nächstunteren, voll ausgebildeten Blatt ab.

Wildtriebe abschneiden
Unter der Veredelungsstelle treiben aus dem Wurzelstock der Wildrose manchmal Wildtriebe aus. Kratzen Sie die Erde bis zur Verzweigungsstelle weg, und schneiden Sie den wilden Trieb ab.

Hochstammrosen stützen
Hochstämmige Rosen benötigen unbedingt einen festen Halt. Denken Sie daran, beim Pflanzen sofort einen Pfosten mit einzusetzen, an dem der dünne Stamm mit einem breiten Gummiband oder einer Manschette sicher befestigt wird.
Sie können aber auch aus mehreren dünnen Pfosten einen Halt zimmern.

Winterschutz
Rosen sind frostgefährdet, daher ist Winterschutz erforderlich. Häufeln Sie Mulch (15 – 20 cm hoch) über den unteren Bereich des Strauches.
Legen Sie Stroh und einige Fichtenzweige darüber. Bei Kletterrosen empfiehlt sich außerdem eine Abdeckung der Triebe mit Fichtenzweigen oder Jutesäcken (mit Gartenschnur festbinden).
Da die Veredelungsstelle bei Hochstammrosen auf dem Stämmchen sitzt, sollte dieser Bereich mit Stroh, Fichtenzweigen oder Jutesäcken besonders geschützt werden.

EXPERTENTIP
Volldünger im Frühling, Kalimagnesia-Dünger im Spätsommer.

QUERVERWEISE
Rosen pflanzen Seite 48/49
Pflanzenporträts Seite 134 – 139

Das Gartenjahr – Arbeitskalender

Monat	Blumen und Gehölze	Gartenarbeiten
Januar/Februar 	Ziersträucher und Obstbäume auslichten; Sträucher umpflanzen; erste Sommerblumen im Haus aussäen; Gehölze von Schneelast befreien. Hecken verjüngen.	Jetzt ist die beste Zeit, Gartenbücher und Kataloge zu studieren. Spätestens jetzt Stauden- und Strauchbeete vor Spätfrösten schützen.
März 	An milden Tagen Stauden pflanzen; Ziergräser bis auf den Boden zurückschneiden; Rosen schneiden. Stauden- und Strauchbeete organisch oder mit Volldünger düngen.	In milden Regionen Winterschutz entfernen. Jetzt schon mit dem Unkrautjäten beginnen.
April 	Sommerblumen ins Freiland säen; Stauden pflanzen; Rosen abhäufeln.	In rauhen Regionen Winterschutz entfernen. Rasen säubern und düngen. Beete mulchen; Kompost umsetzen.
Mai/Juni 	Dahlien- und Gladiolenknollen einsetzen; Rhododendren und Azaleen pflanzen (verwelkte Blüten herausdrehen). Blüten, später verwelkte Blätter der Frühblüher entfernen. Vorgezogene Einjährige ins Freiland pflanzen.	Rasen mähen. Bäume und Sträucher bei Trockenheit gießen. Stützen für Stauden anbringen. Staudenbeete nochmals düngen. Auf Schädlinge achten und bekämpfen. Boden lockern und Unkraut jäten.

Bestimmte Arbeiten sollten möglichst an einem bestimmten Termin erledigt werden. Der Arbeitskalender sagt Ihnen wann.

Monat	Blumen und Gehölze	Gartenarbeiten
Juli/ August 	Bei mehrfach blühenden Rosen, Stauden und Einjährigen regelmäßig Verblühtes entfernen. Zweijährige ins Freiland säen. Koniferen pflanzen. Rosen mit Kalimagnesiadünger düngen (Juli).	Nach der Vogelbrut Laubholz-, Thuja- und Fichtenhecken schneiden. Auf Schädlinge achten und bekämpfen.
September 	Zwiebeln und Knollen von Frühblühern einsetzen. Stauden pflanzen. Nadelbäume und immergrüne Laubgehölze pflanzen.	Rasen ausbessern oder neu anlegen. Beete von Unkraut befreien (Rückkehr aus dem Urlaub!).
Oktober 	Rosen, Laubholzsträucher und letzte Zwiebeln und Knollen pflanzen. Beetstauden abschneiden und für den Winter mit Mulch abdecken. Dahlien und Gladiolen ausgraben.	Kompost umsetzen. Laub zusammenrechen. Jetzt ist eine gute Zeit für Bauarbeiten im Garten.
November/Dezember 	Rosen anhäufeln und für den Winter schützen. Hohe Gräser zusammenbinden (Frostschutz).	Beet endgültig für den Winter vorbereiten. Gräser und Stauden mit hübschen Blütenständen bis zum Frühjahr stehenlassen (Vogelfutter, attraktiv im Rauhreif).

Pflanzen auswählen

Pflanzen auswählen

Suchen Sie sich die passenden Arten aus

Es ist ein uraltes Bestreben des Menschen, Pflanzen mit besonders guten Eigenschaften für den Garten auszulesen und heranzuzüchten. Durch die Römer, aber auch durch Kaufleute, Pilger und Kreuzritter kamen mediterrane und orientalische Arten zu uns. Die mit der Entdeckung Amerikas einsetzenden Expeditionen und Forschungsreisen nach Übersee brachten dann gänzlich neuartige, exotische und am Anfang fast unerschwingliche Arten ins Land. Durch Kreuzungen entstand inzwischen eine kaum überschaubare Vielfalt an Gartenpflanzen, die sich heutzutage auch jeder leisten kann.

Der Aufbau des Porträt-Teils

Die folgenden Seiten können kaum mehr als eine grobe Übersicht bieten. Bei der hier vorgestellten Auswahl handelt es sich zumeist um pflegeleichte Arten und Sorten, die in fast allen Gärtnereien und im Versandhandel vorrätig sind. Selbstverständlich können Sie in Katalogen auch noch nach weiteren, standortgemäßen Pflanzen suchen, die sich gut in Ihre Beete einfügen. So wird Ihr Garten ein einzigartiges Schmuckstück werden. Der Porträt-Teil ist nach folgendem Schema aufgebaut:

▶ Als große Gruppen werden zunächst die Frühlings-, Sommer- und Herbstblüher vorgestellt. Das erleichtert Ihnen die Auswahl der Pflanzen für Beete, auf denen während der ganzen Vegetationsperiode etwas blühen soll. Es folgen Gräser, Farne und Bodendecker, die gut mit den Blütenpflanzen kombiniert werden können und vorwiegend durch ihren Wuchs bestechen. Bäume und Sträucher sowie Rosen sind eigens aufgeführt, weil sie mit ihren verholzenden, dauerhaften Trieben das tragende Gerüst im Garten bilden. Zum Schluß kommen die hochwachsenden Kletterpflanzen, mit denen Sie vertikale Akzente setzen können.

▶ Die Pflanzen-Porträts sind wie folgt unterteilt: Auf den deutschen Namen folgt die international gültige lateinische Bezeichnung. Nach ihr werden die Pflanzen meist in Gartencentern, Katalogen und Büchern geordnet. Sortennamen stehen in Anführungszeichen.
Die anschließenden Höhen- und Breitenangaben erleichtern die gekonnte Planung einer aparten Höhenstaffelung im Beet, die Breite beeinflußt auch den Pflanzabstand. Die Zahlen sind als Mittelwert zu verstehen, je nach Sorte, Standort und Boden wird es Abweichungen geben. Das gleiche gilt für die darunter folgenden Angaben zur Blütezeit.
Die fünfte Zeile gibt Auskunft über die Lebensform der Pflanze, die zum Beispiel einjährig oder ausdauernd sein kann. Im Praxisteil finden Sie hierzu die allgemeinen Pflanz- und Pflegehinweise.
Die Piktogramme (siehe rechts) verdeutlichen Ihnen auf einen Blick die wichtigsten Bedürfnisse und Eigenschaften der Pflanze. Dann kommt ein Hinweis auf einen besonders herausragenden Vorzug.

Der winterliche Garten

Bei der Planung des Gartens wird gerne vergessen, daß während der kalten Jahreszeit in der Natur Vegetationsruhe herrscht. Hier einige Ratschläge, damit Ihr Garten auch im Winter eine Augenweide bleibt: Achten Sie bei der Auswahl der Gehölze auf interessante Wuchsformen. Malerisch verzweigte Äste etwa haben besonders mit Rauhreif oder Schnee bedeckt einen ganz eigenen Reiz.
Für Blickpunkte im winterlichen Grau sorgen Rindenfarben wie das Weiß-Anthrazit von Birken, das Rot oder Grün von Hartriegel-Sorten, ebenso wie lange haftende Früchte. Wählen Sie auch immergrüne Gehölze und Stauden. Sie dominieren nach dem Laubfall im Garten. Räumen Sie im Herbst nicht zu gründlich auf! Lassen Sie Gräser und Stauden mit attraktivem Wuchs bis zum Frühling stehen. Winterfeste Garten-Elemente wie Statuen, Pergolen und Gitter treten nun sehr markant in Erscheinung.

Die verwendeten Piktogramme

Die Pflanze gedeiht am besten in der vollen Sonne

Die Pflanze gedeiht am besten im Halbschatten

Die Pflanze gedeiht sogar noch im Schatten gut

Die Pflanze viel gießen (im allgemeinen täglich)

Die Pflanze mäßig gießen (etwa alle 3 – 4 Tage)

Die Pflanze wenig gießen (nur bei längerer Trockenheit)

Die Pflanze wirkt in Einzelstellung spektakulär

Die Pflanze besticht durch auffallend schönes Laub

Die Pflanze hat besonders schöne Früchte

Die Pflanze enthält Gift oder hautreizende Stoffe

Auf den folgenden Seiten finden Sie eine wohldurchdachte Pflanzen-Auswahl, vom niedrigen Bodendecker bis hin zum hoch aufstrebenden Kletterer.

Im Text darunter finden Sie folgende Angaben:

Blüten: Hier sind die Farben angegeben sowie in Klammern der durchschnittliche Durchmesser. Das ermöglicht Ihnen gelungene Kombinationen mit anderen Pflanzen in passenden Tönen.

Boden: Genannt werden die wesentlichen Standortmerkmale. Mit ihrer Hilfe können Sie beurteilen, ob sich die Pflanze bei Ihnen auch ohne großen Pflegeaufwand wohl fühlen wird.

Pflege: Darunter sind besondere Hinweise enthalten, die im Praxisteil nicht erscheinen.

Gestaltung: Hier finden Sie wichtige Tips, wie die Pflanze optimal zur Geltung gebracht werden kann.

In der untersten Zeile stehen von Fall zu Fall Hinweise auf gute Partner oder zusätzliche Experten-Tips.

SIEHE SEITE 56 – 74
Alles über die Pflege der Gartenpflanzen

Frühjahrsblüher

Frühjahrsblüher setzen mit ersten Farbtupfern der Vorherrschaft der tristen Töne im Garten ein Ende. Deshalb kommt dieser Pflanzengruppe eine ganz besondere Bedeutung zu.

Bei den Frühjahrsblühern handelt es sich vorwiegend um Zwiebel- oder Knollenpflanzen, die in diesen Organen gespeicherte Nährstoffe für den frühen Austrieb nutzen. Sie werden während ihrer Ruhezeit im Herbst gepflanzt. Die meisten Arten haben sich ihr natürliches Aussehen bewahrt und kommen am besten in Gruppen zur Geltung.

Am Gehölzrand und im Rasen

Einen idealen Platz finden sie unter laubabwerfenden Sträuchern.
Wenn Sie das Fallaub liegen lassen, bildet sich eine natürliche Mulchschicht, in der sich diese Pflanzen besonders wohl fühlen.
Treiben die Blätter der Gehölze aus, ist die Blüte dieser Arten in der Regel schon beendet. Sie sollten jetzt in Ruhe einziehen können, wobei sie alle wichtigen Stoffe aus den vergilbenden Blättern holen und in den Speicherorganen einlagern. Wenn Sie die Pflanzen sich selbst überlassen, breiten sich viele durch Tochterzwiebeln oder Samen von allein aus und bilden so natürlich wirkende Gruppen. Nur Zuchtformen von Krokussen, Tulpen und Narzissen müssen alle paar Jahre ersetzt werden.
Auch im Rasen oder an dessen Rand kommen die Frühjahrsblüher gut zur Geltung. Warten Sie aber mit dem ersten Mähen dieser Streifen, bis die Blätter vergilben und welk werden.

In Beeten und Rabatten

Gut passen Frühjahrsblüher auch in Beete oder Rabatten. Ideal sind Lagen, die vom Zimmer aus durch das Fenster gesehen werden können, denn die Temperaturen lassen die Nutzung der Terrasse meist noch nicht zu. Beachten Sie jedoch, daß in Beet oder Rabatte nach dem Einziehen von Zwiebel- oder Knollenpflanzen Lücken entstehen. Setzen Sie daher in die Nachbarschaft Stauden, deren Laub die Fehlstellen überdecken kann. Als Alternative bieten sich auch die einjährigen Sommerblumen an.

Zwiebel- und Knollenpflanzen sorgen für das erste Blütenfeuerwerk im Gartenjahr.

Die ersten Frühlingsboten

Christrose, Nieswurz

Helleborus-Arten und -Hybriden
Höhe/Breite: 15 – 60 cm/30 – 80 cm
Blütezeit: Dezember – April
Staude

▶ **attraktive, große Blüten**

Blüten: weiß, gelb, gelblich-grün, rosa, rot oder purpur (Ø 4 – 7 cm); **Boden:** humushaltig, frisch, lehmig und kalkhaltig; **Pflege:** im Herbst einpflanzen, abgestorbene Blätter im Frühjahr abschneiden; bei Frühlingstrockenheit gießen; ungestört lassen und möglichst nicht durch Graben die Wurzeln verletzen; **Gestaltung:** bei genügend Platz mehrere Arten, Hybriden und Sorten mit unterschiedlichen Blütenfarben kombinieren; besonders schön als Unterwuchs von blühenden Sträuchern oder zwischen Frühlingsblumen

Elfenkrokus

Crocus tommasinianus
Höhe/Breite: 5 – 10 cm/5 – 7,5 cm
Blütezeit: Februar – April
Knollenpflanze

▶ **breitet sich gerne aus**

Blüten: weiß, hellviolett oder blau mit leuchtend gelben Staubgefäßen (Ø 3 – 4 cm); **Boden:** jeder normale, gut durchlässige Gartenboden, er darf auch sandig oder steinig sein, mit Ausnahme sehr trockener Standorte; **Pflege:** die haselnußgroßen Knollen im Spätsommer oder Herbst pflanzen, zur Blütezeit düngen; bei Frühjahrstrockenheit wässern; **Gestaltung:** besonders dekorativ in Gruppen unter Sträuchern oder mit anderen Frühlingsblumen am Rasenrand

Schneeglöckchen

Galanthus nivalis
Höhe/Breite: 10 – 15 cm/10 cm
Blütezeit: Februar – April
Zwiebelpflanze

▶ **problemlose Pflanze**

Blüten: nickend, weiß, aber die drei inneren Kronblätter tragen reizende grüne Spitzchen, zart duftend (Ø 1 cm); **Boden:** frisch oder zumindest frühjahrsfeucht, humusreich, lehmig; es verträgt keine trockenen, sandigen Böden; **Pflege:** Zwiebeln im Herbst pflanzen, zur Vermehrung Zwiebelhorst nach der Blüte ausgraben, zerteilen und neu einpflanzen; **Gestaltung:** immer in lockeren Gruppen pflanzen, sie bilden im Lauf der Zeit von selbst größere Gruppen, keine Wildpflanzen ausgraben, sie stehen unter Naturschutz!

Experten-Tip
Abgebildet ist die schöne Hybride 'Atrorubens'.

Gute Partner
Balkan-Anemone, Winterling, Christrose

Nährstoffe in Speicherorganen verschaffen den Frühblühern den nötigen Vorsprung vor anderen Pflanzen. Unter lichten Gehölzen entfalten sie ihre ganze Blütenpracht.

Blausternchen

Scilla siberica, Foto: 'Spring Beauty'
Höhe/Breite: 10–15 cm/5–8 cm
Blütezeit: März–April
Zwiebelpflanze

▶ **in Gruppen sehr attraktiv**

Blüten: weiß, rosa, hellviolett bis blau (Ø 1–1,5 cm); **Boden:** durchlässige, humose Gartenböden, die weder staunaß noch zu trocken sein sollten; **Pflege:** die Zwiebeln im Herbst pflanzen, im Februar mit Kompost mulchen oder organisch-mineralischen Dünger geben; bei Frühlingstrockenheit wässern; **Gestaltung:** ideal zum Verwildern am Gehölzrand oder in Kombination mit Narzissen, Krokussen, Primeln und Tulpen als bunte Gruppe im Beet; auch für den Steingarten geeignet

Märzenbecher

Leucojum vernum
Höhe/Breite: 20 cm/10–15 cm
Blütezeit: Februar–April
Zwiebelpflanze

▶ **einer der frühesten Blüher**

Blüten: weiß, die Zipfel der Blütenblätter aber haben gelbe bis gelbgrüne Flecken, duftend, nickend (Ø 1,5 cm); **Boden:** feucht – vor allem bei sonnigem Standort, humushaltig, möglichst Lehm-, aber keine Sandböden; verträgt auch zeitweise Überflutung; **Pflege:** Zwiebeln im Spätsommer bis Herbst pflanzen, etwas organisch-mineralischen Dünger zur Blütezeit geben, ungestört verwildern lassen; **Gestaltung:** in großen Gruppen unter Gehölzen pflanzen, auch am Teichrand, im Moorbeet oder in Hausnähe sehr attraktiv

Winterling

Eranthis hyemalis
Höhe/Breite: 5–10 cm/6 cm
Blütezeit: Februar–März
Zwiebelpflanze

▶ **verbreitet sich durch Samen**

Blüten: leuchtend gelb mit gelben Staubgefäßen und einem Kranz aus zerschlitzten, saftig grünen Hochblättern, angenehm duftend (Ø 2–2,5 cm); **Boden:** frisch, humusreich und durchlässig, keinesfalls trocken, verdichtet oder staunaß; **Pflege:** die Zwiebeln im Herbst während der Ruhezeit pflanzen, sie dürfen nicht bereits ausgetrocknet sein; bei Frühjahrstrockenheit wässern; **Gestaltung:** am besten in größeren Gruppen unter lichte Gehölze setzen; sie verwildern leicht, wenn sie ungestört wachsen dürfen

EXPERTEN-TIP
Die Sommerknotenblume (L. aestivum) blüht April–Juni.

GUTE PARTNER
Frühblühende Krokusse, Schneeglöckchen

Blütenteppiche im Frühling

Blaukissen

Aubrieta deltoidea, Foto: 'Moerheimii'
Höhe/Breite: 5 – 15 cm/50 – 60 cm
Blütezeit: April – Mai
Polsterstaude

▶ **prachtvolle Blütenvorhänge**

Blüten: je nach Sorte rosa, samtrot, lilablau, violett (Ø etwa 1 cm); **Boden:** durchlässig, mäßig trocken, nährstoffreich, kalkhaltig, schwere Böden ungeeignet; **Pflege:** etwas Dünger im Frühling (nicht später), gießen nur bei längerer Trockenheit, Rückschnitt nach der Blüte, die rosa und rot blühenden Sorten sind zwar sehr attraktiv, aber weitaus kurzlebiger als die blauen und violetten; **Gestaltung:** wächst fließend über Geländestufen, in Fugen von Trockenmauern, auf Mauerkronen, im Steingarten, auch als niedrige Beeteinfassung

GUTE PARTNER
Gänsekresse, Schleifenblume, Bart-Iris

Schleifenblume

Iberis sempervirens
Höhe/Breite: 15 – 30 cm/30 – 60 cm
Blütezeit: April – Mai
staudenähnlicher Halbstrauch

▶ **problemlos, wird sehr alt**

Blüten: weiß, auch rosa, in dichten Trugdolden (Ø bis 1 cm); **Boden:** durchlässig, mäßig trocken, sandig, humus- und nährstoffarm; **Pflege:** im Frühjahr mit etwas Kompost düngen, sonst keinen Dünger verabreichen, alle paar Jahre alte Exemplare gegen Verkahlen kräftig um etwa die Hälfte zurückschneiden, in sehr kalten Wintern die immergrünen Pflanzen mit Reisig abdecken; **Gestaltung:** ideal für Böschungen und Wegränder, für den Steingarten und als Beeteinfassung

Traubenhyazinthe

Muscari armeniacum
Höhe/Breite: 15 – 20 cm/8 – 10 cm
Blütezeit: April – Mai
Zwiebelpflanze

▶ **verwildert leicht**

Blüten: intensiv kobaltblau mit weißem Rand, auch hell- und himmelblaue Sorten, stark duftend (kleine Kugelblüten in 5 cm hohen Blütenständen); **Boden:** gut durchlässig, Trockenheit wird vertragen; **Pflege:** Zwiebeln im Spätsommer einpflanzen, sie sind gegen Austrocknung empfindlich, Blätter nach der Blüte einziehen lassen; wenn die Pflanzen nicht gestört werden, breiten sie sich durch Brutzwiebeln aus; **Gestaltung:** sehr wertvoll für Steingärten, ideal auch unter Sträuchern und am Wiesenrand

GUTE PARTNER
Forsythie, frühe Tulpen und Narzissen

Mit diesen Arten kommt Farbe in den Garten. Pflanzen Sie sie in größeren Gruppen zwischen später blühenden Stauden. Sie werden zu auffallenden Farbinseln.

Trompeten-Narzisse

Narcissus-Hybride, Foto: 'Golden Harvest'
Höhe/Breite: 40 – 50 cm/10 – 15 cm
Blütezeit: März – April
Zwiebelpflanze

▶ **viele gute, preiswerte Sorten**

Blüten: gelb, auch weiße und zweifarbige Sorten (Ø 5 – 7 cm); **Boden:** durchlässig und nicht staunaß, feucht bis etwas trocken, sandig bis humos, neutral bis schwach sauer, nährstoffreich; **Pflege:** Zwiebeln im Herbst pflanzen, während des Austriebs und der Blüte im Frühling bei Trockenheit gießen, am besten mit Kompost zum Austrieb düngen, keinen Mineraldünger verwenden; **Gestaltung:** schön mit anderen Frühlingsblumen in Beeten und Rabatten, auch am Gehölzrand

Strahlenanemone

Anemone blanda
Höhe/Breite: 10 – 15 cm/8 – 10 cm
Blütezeit: März – Mai
Knollenpflanze

▶ **bildet attraktive Gruppen**

Blüten: blau, auch weiße und rosa Sorten und solche mit weißem Auge (Ø 2,5 – 3 cm); **Boden:** durchlässig, nicht zu feucht, humos, leicht kalkhaltig; **Pflege:** Knollen im Herbst pflanzen, vorher für einen Tag in Wasser vorquellen lassen, möglichst nicht stören oder in der Nähe graben; **Gestaltung:** gedeiht sehr gut unter Gehölzen, im Vordergrund und am Rand von Beeten – jedoch nicht neben Obstbäume pflanzen, da der Pflaumenrost an Anemonen-Wurzeln überwintern kann

Kaiserkrone

Fritillaria imperialis
Höhe/Breite: 60 – 100 cm/20 – 25 cm
Blütezeit: April
Zwiebelpflanze

▶ **setzt starke Akzente**

Blüten: je nach Sorte gelb, orangerot oder rot (Ø 4 – 5 cm); **Boden:** tiefgründig, durchlässig und leicht, nährstoffreich; **Pflege:** die faustgroßen Zwiebeln von August–September pflanzen, im Frühling düngen, zur Wachstumszeit bei Trockenheit gut wässern, verblühte Stengel über den ersten Blättern des Schaftes abschneiden, Blätter erst nach dem Vergilben entfernen, im Herbst mit reifem Kompost abdecken; **Gestaltung:** schön in kleinen Gruppen als Blickpunkt in Staudenbeeten

EXPERTEN-TIP
Es gibt noch eine Vielzahl anderer Narzissen.

GUTE PARTNER
Buschwindröschen (A. nemorosa), kleine Narzissen

Vielfalt der Tulpenblüte

Einfachblühende Tulpen

Sorte Gruppe	Blütenfarbe Blütenform	Höhe/cm Blütezeit
'Apricot Beauty' Einfache Frühe	aprikot becherförmig	25–40 April
'Joffre' Einfache Frühe	gelb becherförmig	25–40 April
'Pax' Triumph-Tulpe	reinweiß becherförmig	40–60 April–Mai
'Cassini' Triumph-Tulpe	blutrot becherförmig	40–60 April–Mai
'Apeldoorn' Darwin-Hybride	orange/schwarz schalenförmig	40–60 April–Mai
'Elisabeth Arden' Darwin-Hybride	lachsrosa schalenförmig	40–60 April–Mai
'Golden Harvest' Einfache Späte	zitronengelb becherförmig	50–70 Mai
'Sorbet' Einfache Späte	weiß und rot becherförmig	50–70 Mai
'Maytime' Lilienblütige	malve mit weiß lilienähnlich	50–65 Mai
'Westpoint' Lilienblütige	hellgelb lilienähnlich	50–65 Mai
'Blue Parrot' Papageitulpe	lila-blau gekräuselt	30–60 Mai
'White Parrot' Papageitulpe	weiß gekräuselt	30–60 Mai
'Arma' Crispa-Tulpe	scharlachrot gefranst	30–70 Mai
'Hamilton' Crispa-Tulpe	goldgelb gefranst	30–70 Mai

Gefülltblühende Tulpen

'Elektra' Gefüllte Frühe	kirschrot schalenförmig	25–35 April
'Oranje Nassau' Gefüllte Frühe	tiefrot schalenförmig	25–35 April
'Peach Blossom' Gefüllte Frühe	rosenrot schalenförmig	25–35 April
'Schoonoord' Gefüllte Frühe	weiß schalenförmig	25–35 April
'Angelique' Gefüllte Späte	blaßrosa päonienartig	40–60 Mai
'Gold Medal' Gefüllte Späte	goldgelb päonienartig	40–60 Mai
'Mount Tascoma' Gefüllte Späte	weiß päonienartig	40–60 Mai

Wildtulpe

Tulipa-Kaufmanniana-Hybride
Höhe/Breite: 15 – 30 cm/10 – 15 cm
Blütezeit: März – April
Zwiebelpflanze

▶ **blüht besonders früh**

Blüten: die vielen Sorten der Hybriden sind meist zweifarbig in Weiß, Gelb, Orange, Rosa, Apricot, Rot und Scharlach, die Blüten öffnen sich in der Sonne sternförmig (Ø 5 – 8 cm); **Boden:** durchlässige, nährstoffreiche, idealerweise neutrale bis leicht saure Gartenböden; **Pflege:** Zwiebeln im Herbst pflanzen, düngen während des Austriebs, zur Blüte für reichlich Bodenfeuchte sorgen, dann trocken stehen lassen, verblühte Stengel abschneiden; **Gestaltung:** ideal für den Steingarten oder Beete, Schalen und Blumenkästen

Einfache Frühe Tulpen

Tulipa, Foto: 'Couleur Cardinal'
Höhe/Breite: 25 – 40 cm/10 – 15 cm
Blütezeit: April
Zwiebelpflanze

▶ **sorgen für frühe Farben**

Blüten: alle Farben außer Blau, von Weiß, Gelb, Orange, Rosa bis zu Rot und Violett, (Ø bis 6 cm); **Boden:** mäßig trocken bis frisch, aber nicht staunaß, sandig-lehmig, nährstoffreich aber humusarm, neutral bis leicht sauer; **Pflege:** Zwiebeln im Herbst pflanzen, düngen während des Austriebs, zur Blütezeit mit ausreichend Feuchtigkeit versorgen, Verblühtes entfernen, Laub in Ruhe einziehen lassen; **Gestaltung:** für bunte Frühlingsbeete und Rabatten, auch in Trögen oder Töpfen und als Schnittblume zu ziehen

GUTE PARTNER
Polsterstauden, Krokus, Traubenhyazinthe

Tulpen kommen am besten in lockeren Gruppen zur Geltung. Pflanzen Sie daher stets mehrere Zwiebeln derselben Sorte und stimmen Sie Höhen und Farben gut ab.

Gefüllte Späte Tulpen

Tulipa, Foto: 'Orange Princess'
Höhe/Breite: 40 – 60 cm/10 – 15cm
Blütezeit: Mai
Zwiebelpflanze

▶ **prachtvoll, vor Wind schützen**

Blüten: je nach Sorte cremeweiß, goldgelb, rosa, rot und karmin, auch mit andersfarbigem Rand oder ebensolcher Mitte (Ø bis 8 cm); **Boden:** mäßig trocken bis frisch, aber nicht staunaß, sandig-lehmig, nährstoffreich, aber humusarm, nicht zu kalkreich; **Pflege:** Zwiebeln im Herbst pflanzen, düngen während des Austriebs, in windigen Lagen stützen, Verblühtes entfernen, in Ruhe einziehen lassen; **Gestaltung:** besonders schön als lockere Gruppe im Staudenbeet zusammen mit farblich gut abgestimmten Blumen des Spätfrühlings

Viridiflora-Tulpen

Tulipa, Foto: 'Hummingbird'
Höhe/Breite: 30 – 50 cm/10 – 15 cm
Blütezeit: Mai
Zwiebelpflanze

▶ **zartfarbig, viele neue Sorten**

Blüten: gebrochene Töne, gelb, lachsrosa, purpur, immer mit hell- bis dunkelgrün gestreifter oder geflammter Zeichnung (Ø 8 – 10 cm); **Boden:** normaler Gartenboden, nicht zu feucht oder gar staunaß; **Pflege:** Zwiebeln im Herbst pflanzen, während des Austriebs düngen und bei Trockenheit wässern, Verblühtes abschneiden und Blätter einziehen lassen; **Gestaltung:** setzen Sie sie in pastellfarbenen, farblich gut abgestimmten Gruppen in Frühlingsbeete und Rabatten

Papageitulpen

Tulipa, Foto: 'Flaming Parrot'
Höhe/Breite: 40 – 60 cm/10 – 15 cm
Blütezeit: Mai
Zwiebelpflanze

▶ **auffällige Blüten**

Blüten: mehrfarbig in sehr kräftigen Farben wie Weiß, Gelb, Orange, Rot, Volett und Braunrot, oft geflammt, der Rand der Blütenblätter ist zerschlitzt (Ø etwa 8 – 10 cm); **Boden:** jeder normale Gartenboden, der nicht zu feucht ist, nährstoffreich aber humusarm; **Pflege:** Zwiebeln im Herbst pflanzen, im Frühjahr zum Austrieb düngen, in windigen Lagen stützen oder zwischen schützende Stauden pflanzen, Verblühtes abschneiden; **Gestaltung:** wegen der auffallenden Blüten im Beet in den Vordergrund setzen

EXPERTEN-TIP
Weitere Sorten: 'Bonanza' (rot/gelb), 'Golden Nice' (gelb)

EXPERTEN-TIP
Weitere Sorten: 'Fantasy' rosa, 60 cm), 'Rococo' (karminrot, 35 cm)

Ausklang des Frühlings

Hohe Bart-Iris

Iris-Barbata-Elatior-Hybride
Höhe/Breite: 60 – 120 cm/15 cm
Blütezeit: Mai – Juni
Staude

▶ **sehr reichhaltiges Angebot**

Blüten: bis auf reines Rot alle Farben von Weiß bis Violett und Braun, Blütenblätter oft unterschiedlich gefärbt (Ø 8 – 10 cm); **Boden:** trocken, durchlässig, nährstoffreich aber humusarm, sandig, etwas kalkhaltig; **Pflege:** Rhizome im Herbst flach ausgebreitet einpflanzen, sodaß die Rhizome noch etwa zur Hälfte herausschauen, abgestorbene Blätter im Frühling entfernen, mit Kompost düngen; **Gestaltung:** besonders schön in mehrfarbigen Gruppen (Kontrastfarben oder Ton-in-Ton) im Hintergrund eines sonnigen Beetes

Akelei

Aquilegia vulgaris und *A.*-Hybriden
Höhe/Breite: 40 – 80 cm/30 – 45 cm
Blütezeit: Mai – Juni
Staude

▶ **sehr schöne Wildstaude**

Blüten: blau-violett, Hybriden in Weiß, Gelb, Rosa, Rot, Hellblau und sehr häufig auch zweifarbig (Ø ca. 5 cm); **Boden:** humusreich, locker und frisch; **Pflege:** bei Trockenheit gießen, die von selbst auflaufenden Sämlinge ausdünnen, die überschüssigen verpflanzen oder kompostieren; **Gestaltung:** die Wildform besticht besonders in naturnahen Gärten, auch in Kombination mit Gehölzen und am Gehölzrand, die Hybrid-Sorten bilden auch Blickpunkte im Staudenbeet

Edel-Pfingstrose

Paeonia-Lactiflora-Hybride, Foto: Holbein'
Höhe/Breite: 50 – 110 cm/60 – 90 cm
Blütezeit: Mai – Juni
Staude

▶ **die Pflanzen werden sehr alt**

Blüten: weiß, rosa, rot, auch zweifarbig, zum Teil gefüllt, zart duftend (Ø etwa 10 cm); **Boden:** mäßig trocken bis frisch, nährstoffreich, humos, locker, tiefgründig, leicht kalkhaltig; **Pflege:** im Frühherbst pflanzen, im Frühling und nochmals im Frühherbst Kompost, verrotteten Mist oder organischen Dünger wie Hornspäne geben, hochwachsende Pflanzen stützen, während der Blüte bei Trockenheit wässern, Verblühtes entfernen; **Gestaltung:** als dominierender Blickpunkt im Staudenbeet oder Bauerngarten

GUTE PARTNER
Lein, Mohn, Salbei, Schleifenblume, Wolfsmilch

GUTE PARTNER
Anemonen, Farne, Funkien, Storchschnabel

Denken Sie bei der Auswahl spätblühender Arten daran, daß sie auch mit den ersten Blüten des Frühsommers farblich gut harmonieren.

Bartnelke

Dianthus barbatus
Höhe/Breite: 50 – 60 cm/20 – 30 cm
Blütezeit: Mai – August
Zweijährige Pflanze

▶ **gute Schnittblume**

Blüte: weiß, rosa, rot bis dunkelrot, auch zwei- und mehrfarbig gezeichnet, einfach oder gefüllt, intensiv duftend (Ø etwa 1 cm); **Boden:** durchlässig, nährstoffreich, normale Gartenböden, bevorzugt aber lehmigsandige; **Pflege:** Aussaat für Blüte im nächsten Jahr im Juni–Juli, Jungpflanzen in rauhen Lagen im Winter abdecken, im Frühling etwas düngen, während des Wachstums mäßig gießen; **Gestaltung:** hervorragend für Blumenbeete geeignet, in Gruppen zwischen andere Sommerblumen oder Stauden setzen

Vergißmeinnicht

Myosotis sylvatica
Höhe/Breite: 15 – 30 cm/15 cm
Blütezeit: April – Juni
Zweijährige Pflanze

▶ **samt sich gerne aus**

Blüten: himmelblau, auch weiße und rosa Sorten, Auge gelblich oder orangegelb (Ø 5 mm); **Boden:** nährstoffreich, mittelschwer, locker und humos, gerne etwas lehmig, feucht; **Pflege:** Aussaat im Juli, Blüte im nächsten Jahr, in rauhen Lagen Jungpflanzen im Winter abdecken, im Frühling düngen, bei Trockenheit wässern; **Gestaltung:** sehr schön am Wegrand oder als Einfassung von Beeten, hübsch auch in Bändern zwischen Tulpen, Narzissen und späten Krokussen, auch für Balkonkästen und als Schnittblume geeignet

Türkischer Mohn

Papaver orientale, Foto: 'Frührot'
Höhe/Breite: 30 – 100 cm/60 cm
Blütezeit: Mai – Juni
Staude

▶ **kurzlebige, prachtvolle Blüte**

Blüten: je nach Sorte weiß, rosa, orange bis rot, mit schwarzen Flecken am Grund und zum Teil auch andersfarbig geaderten oder gefleckten Blütenblättern (Ø bis 15 cm); **Boden:** durchlässig, tiefgründig, trocken bis frisch, aber auf keinem Fall staunaß; **Pflege:** zum Austrieb mit Kompost düngen, Verblühtes abschneiden, wenn Sie aber Samen gewinnen wollen, einige Samenkapseln ausreifen lassen, in rauhen Lagen im Winter abdecken; **Gestaltung:** kommt am besten als hohe Leitpflanze in den Beethintergrund

GUTE PARTNER
Stockrose, Glockenblumen, andere Nelken

EXPERTEN-TIP
Gute Sorten: 'Blue Ball' (blau), 'Carmine King' (rosa)

Sommerblüher

Diese Pflanzengruppe bietet eine bezaubernde Vielfalt an Blüten- und Wuchsformen. Sie braucht ein gewisses Maß an Wärme und oft auch den Langtag, um ihre Farbenpracht entfalten zu können.

Mit dem Ausklang des Frühlings beginnt die große Zeit des Gartens: Während die letzten Frühjahrsblumen verblassen, treiben die Sommerblüher aus, und hier und da zeigen sich bereits die ersten Blüten. Selbst um diese Zeit ist noch ein Besuch im Gartencenter möglich, um Ausschau zu halten nach geeigneten Containerpflanzen, die fast das ganze Jahr über gesetzt werden können. Die Pflanzenporträts der folgenden Seiten sollen Ihnen dabei helfen, die unterschiedlichsten Beete mit einer passenden Grundausstattung an Sommerblühern zu versehen. Bereits ein kurzer Blick auf das Sortiment einer Gärtnerei wird Ihnen aber zeigen, daß weitaus mehr Arten angeboten werden.

Tips zum Kauf

Auch wenn es noch so verlockend erscheint, lassen Sie sich nicht unbedacht zum Kauf »verführen«. Beachten Sie stets das Thema Ihres Beetes: Passen die Blütenfarben zu den bereits vorhandenen Pflanzen? Fügt sich ihre Höhe in das wellige Auf und Ab des Beetes ein? Sorgt eine interessante Wuchsform oder hübsches Laub für eine angenehme Auflockerung Ihres Beetes?

Ziehen Sie auf jeden Fall auch ein- oder zweijährige Pflanzen in Betracht. Fast immer handelt es sich dabei um reichblühende Arten und Sorten, die für überbordende Farbenpracht sorgen. Im Unterschied zu Stauden, die jahrelang am selben Standort verbleiben, werden diese kurzlebigen Vertreter aus der Pflanzenwelt Jahr für Jahr neu gesetzt oder gesät. Viele Gärtnereien bieten vorgezogene Einjährige an, die Sie nur noch zu pflanzen brauchen. Wagen Sie sich aber ruhig auch selbst an die Aussaat, Pflanzensamen ist preiswert und ergiebig. Beobachten Sie dann Ihr fertiges Beet, und notieren Sie günstige und weniger günstige Pflanzen für die Folgejahre.

Überschäumende sommerliche Blütenpracht selbst vor dem Zaun.

Die ersten Frühsommer-Blüten

Karpaten-Glockenblume

Campanula carpatica
Höhe/Breite: 20 – 30 cm/40 – 50 cm
Blütezeit: Juni – August
Polsterstaude

▶ **blüht sehr lange, sät sich aus**

Blüten: je nach Sorte violett bis blau, auch silberblau und weiß (Ø bis 4 cm); **Boden:** durchlässig, mäßig trocken bis frisch, die Pflanze verträgt aber auch trockene, kalkreiche und nährstoffarme Böden, sie sollten nicht staunaß sein; **Pflege:** nicht zu viel düngen, sonst verliert sich der kompakte Wuchs der Polster, gießen nur bei längeren Trockenperioden, Verblühtes entfernen; **Gestaltung:** als Polster im Steingarten und in Fugen von Trockenmauern, im Vordergrund von Staudenbeeten

Taglilie

Hemerocallis-Hybride, Foto: 'Turned on'
Höhe/Breite: 40 – 110 cm/40 – 60 cm
Blütezeit: Mai – August
Staude

▶ **großblütig, grasartige Blätter**

Blüten: cremeweiß, gelb, orange, rosa, rot, violett, braun, fast schwarz, auch zweifarbig (Ø bis 15 cm); **Boden:** mäßig trocken bis feucht, die Art verträgt auch feuchte Standorte, nährstoffreich, lehmig, an halbschattigen Standorten weniger blühfreudig; **Pflege:** bei anhaltender Trockenheit wässern, ab und zu düngen, Verblühtes entfernen; **Gestaltung:** schön in Gruppen am Gewässerrand oder als Leitstaude im Beet, das riemenförmige Laub setzt interessante Akzente

Ringelblume

Calendula officinalis
Höhe/Breite: 30 – 70 cm/15 – 20 cm
Blütezeit: Juni – September
Einjährige Pflanze

▶ **alte Heilpflanze, problemlos**

Blüten: je nach Sorte creme, gelb, orange bis orangerot, zum Teil mit brauner Mitte, einfach, halbgefüllt und gefüllt (Ø 5 cm); **Boden:** nährstoffreich, aber nicht zu stickstoffreich, locker, auch etwas trocken, aber nicht staunaß; **Pflege:** Aussaat April–Mai, in nächsten Jahren erscheint die Pflanze durch Selbstaussaat von allein, im Frühling mit Kompost versorgen, Verblühtes entfernen; **Gestaltung:** ideal im Bauerngarten, schön auch als dichte Gruppe oder locker eingestreut im Blumenbeet, sehr gute Schnittblume

EXPERTEN-TIP
Verwandte: Knäuel-Gl. (15 – 60 cm), Pfirsichblättrige Gl. (50 – 100 cm)

GUTE PARTNER
Rittersporn, Salbei, Sonnenhut, Studentenblume

Eine »bunte« Fläche allein macht noch kein hübsches Beet. Schmale, hochwachsende Pflanzen gliedern es und setzen wirkungsvolle Akzente.

Fingerhut

Digitalis purpurea
Höhe/Breite: 100 – 140 cm/30 – 40 cm
Blütezeit: Juni – Juli
Zwei- bis dreijährige Pflanze

▶ **sät sich gerne selbst aus**

Blüten: je nach Sorte weiß, gelb rosa und purpurrot, gefleckt (Ø 3 – 4 cm, 30 – 40 cm hohe Blütenstände); **Boden:** mäßig trocken bis frisch, humusreich, lehmig, kalkarm; **Pflege:** Aussaat ab April, im Frühling mit Kompost versorgen, Verblühtes entfernen, bei Rückschnitt nach der Blüte blüht er im folgenden Jahr noch einmal; **Gestaltung:** wirkt gut am Gehölzrand und im Naturgarten, ideal auch im Bauerngarten, bildet Blickpunkte im Beethintergrund, gute Schnittblume

Rittersporn

Delphinium-Elatum-Hybriden
Höhe/Breite: 120 – 200 cm/30 – 60 cm
Blütezeit: Juni – Juli
Staude

▶ **setzt kräftige, hohe Akzente**

Blüten: blau bis lila, auch weiß, mit weißem oder schwarzem Auge (30 – 40 cm hohe Blütenstände); **Boden:** nährstoffreich, tiefgründig, lehmig, auf keinen Fall staunaß; **Pflege:** zur Vermehrung im Herbst oder Frühjahr teilen, bei anhaltender Trockenheit wässern, hohe Sorten anbinden, nach der Blüte abschneiden und mit Kompost versorgen, das fördert eine Nachblüte (August–September); **Gestaltung:** klassische Beetstaude, wirkt als Blickpunkt im Hintergrund oder als kleine Gruppe mitten im Beet oder Rasen

Feinstrahl-Astern

Erigeron-Hybriden
Höhe/Breite: 50 – 80 cm/30 – 40 cm
Blütezeit: Juni – Juli (Sep)
Staude

▶ **beliebte Begleitstaude**

Blüten: weiß, rosa, rot, violett und lila mit goldgelber Mitte (Ø 6 cm); **Boden:** frisch, nährstoffreich, durchlässig, nicht zu schwer; **Pflege:** bei Trockenheit wässern, wenn nötig, stützen, Verblühtes abschneiden, nach der Blüte um ein Drittel zurückschneiden und mit Kompost düngen, das fördert eine Nachblüte im September, alle paar Jahre im Herbst oder Frühjahr teilen; **Gestaltung:** sehr schön als farblich abgestimmte Gruppe in einem Beet, voll erblüht auch hübsche Schnittblume

GUTE PARTNER
Lilien, Stockrosen, Frauenmantel, Glockenblumen, Storchschnabel

EXPERTEN-TIP
Abgebildet ist die Sorte 'Sommerneuschnee'.

Dankbare Frühsommerblüher

Hoher Phlox

Phlox-Paniculata-Hybride
Höhe/Breite: 50 – 150 cm/bis 50 cm
Blütezeit: Juni – September
Staude

▶ **üppige Blütenpracht**

Blüten: weiß, rosa, rot, karmin, violett, häufig zweifarbig, mit weißem oder andersfarbigem Auge (Ø 1,5 – 2 cm); **Boden:** frisch bis feucht, aber durchlässig und nicht staunaß, nährstoff- und humusreich; **Pflege:** welkt als Flachwurzler leicht, daher regelmäßig gießen, im Frühling mit Kompost oder organischem Dünger versorgen, hohe Sorten stützen, in rauhen Lagen Winterschutz durch Kompost oder Laub; **Gestaltung:** ideal für Rabatten und Beete, pflanzen Sie farblich aufeinander abgestimmte Sorten in Gruppen

Funkien

Hosta-Arten und -Hybriden
Höhe/Breite: 10 – 120 cm/30 – 100 cm
Blütezeit: Juni – August
Staude

▶ **Wuchs und Blätter attraktiv**

Blüten: weiß, hellviolett bis lilablau und purpur (Ø 1,5 – 2 cm); **Boden:** lehmig, ruhig auch feucht, humushaltig; **Pflege:** im Frühjahr mit organischem Dünger wie Mulch oder Kompost versorgen, beim Austrieb Schnecken bekämpfen, sonst problemlos, nach der Blüte Vermehrung durch Teilung möglich; **Gestaltung:** für Gehölz- und Teichrand, für absonnige Staudenbeete als dauerhafter Blickpunkt, bestens geeignet zum Überdecken von einziehenden Zwiebelblumen

Lupine

Lupinus-Polyphyllus-Hybride
Höhe/Breite: 80 – 100 cm/50 – 60 cm
Blütezeit: Juni – Juli
Staude

▶ **Pflanze mit viel Charme**

Blüten: weiß, gelb, orange, rosa, rot, violett, blau, auch zweifarbig (Ø 1 – 2 cm, 40 – 50 cm hohe Blütenstände); **Boden:** mäßig trocken bis frisch, durchlässig, sandig, mäßig nährstoffreich, keine kalkhaltigen Böden; **Pflege:** im Frühling mit Kompost versorgen, nicht mineralisch düngen, Haupttriebe nach der Blüte bis auf die jüngeren Seitentriebe zurückschneiden, Blätter belassen; **Gestaltung:** ideal für den Beet-Hintergrund, wirkt am besten in gemischtfarbigen Gruppen

EXPERTEN-TIP
Abgebildet sind die Sorten 'Rosa Pastell' und 'Flamingo'.

EXPERTEN-TIP
Abgebildet ist die Sorte 'Schloßfrau'.

Schließen Sie die Lücken nach dem Einziehen der Zwiebelblumen mit Einjährigen oder später austreibenden, blattreichen Stauden wie den Funkien.

Mehl-Salbei

Salvia farinacea
Höhe/Breite: 50 – 80 cm/30 – 40 cm
Blütezeit: Juni – Oktober
Einjährig in Kultur

▶ **problemloser Dauerblüher**

Blüten: silberweiß, blau, dunkelblau, violett (Ø 1 cm); **Boden:** frisch, locker, nährstoffreich, leicht kalkhaltig, nicht staunaß; **Pflege:** Aussaat ab April/Mai direkt ins Beet, Pflanzung nach den Eisheiligen, vorher Boden mit Kompost oder organischem Dünger gut vorbereiten, regelmäßig gießen; **Gestaltung:** prächtige Beetpflanze, in Gruppen setzen, sehr schön zu roten Rosen oder gelben Beetstauden, auch als Schnittblume geeignet

Studentenblume

Tagetes-Patula-Hybride, Foto: 'Bolero'
Höhe/Breite: 20 – 50 cm/20 – 30 cm
Blütezeit: Juni – Oktober
Einjährige Pflanze

▶ **problemlos und blühfreudig**

Blüten: gelb, orange, rotbraun, auch zweifarbig, einfach, halbgefüllt und gefüllt, streng duftend (Ø 3 – 4 cm); **Boden:** feucht bis mäßig trocken, alle normalen Gartenböden, auch feuchte; **Pflege:** Aussaat ins Beet ab Mai, Pflanzung nach den Eisheiligen, Boden mit Kompost oder organischem Dünger vorbereiten, gleichmäßig feucht halten, Verblühtes abschneiden; **Gestaltung:** in Beeten oder Rabatten gefüllte Sorten in Gruppen, einfache Formen teppich- oder bandartig anordnen, auch für Gefäßbepflanzung; gute Schnittblumen

Sonnenbraut

Helenium-Hybride, Foto: 'Zimbelstern'
Höhe/Breite: 60 – 150 cm/30 – 50 cm
Blütezeit: Juni – September
Staude

▶ **robuster Dauerblüher**

Blüten: gelb, orange, rot, braun, teils zweifarbig, immer mit dunkler Mitte (Ø 3 – 4 cm); **Boden:** feuchte Böden werden vertragen, nicht aber staunasse, tiefgründig, nährstoffreich, lehmig und humos; **Pflege:** im Frühjahr mit Kompost versorgen, bei Trockenheit unbedingt gießen, hohe Sorten anbinden, Verblühtes entfernen; **Gestaltung:** prächtige Beetstaude, in Gruppen setzen, bei genügend Platz verschiedene Sorten, hohe Sorten kommen mehr in den Hintergrund

GUTE PARTNER
Fast alle Einjährigen, Sonnenbraut, Sonnenhut

EXPERTEN-TIP
Weitere Sorten: 'Moerheim Beauty' (ziegelrot), 'Canaria' (gelb)

Blütenpracht im Hochsommer

Pflanzen für sonnige Standorte

Art	Blütenfarbe Blütezeit	Höhe in cm Lebensform
Agapanthus-Hybriden Schmucklilie	blau, weiß Juli–August	30–90 Staude
Centranthus ruber Spornblume	rosa, weiß Juni–September	50–70 Staude
Coreopsis verticillata Mädchenauge	goldgelb Juni–September	30–70 Staude
Echinacea purpurea Purpur-Sonnenhut	rosa, rot, weiß Juli–September	70–100 Staude
Echinops bannaticus Kugeldistel	silbrig-blau Juli–September	80–140 Staude
Helianthemum-Hybriden Sonnenröschen	weiß, orange, rot Mai–September	15–30 Staude
Kniphofia-Hybriden Fackellilie	gelb, orange, rot Juni–September	60–140 Staude
Lavatera trimestris Bechermalve	weiß, rosa, rot Juli–September	50–80 Einjährige
Liatris spicata Prachtscharte	violett, weiß, rot Juli–September	40–90 Staude
Platycodon grandiflorus Ballonblume	blau, weiß, rosa Juli–August	20–70 Staude
Solidago-Hybriden Pracht-Goldrute	goldgelb Juli–September	50–80 Staude
Veronica spicata ssp. *incana*, Silberehrenpreis	dunkelblau Juni–August	20–50 Staude

Pflanzen für Halbschatten

Art	Blütenfarbe Blütezeit	Höhe in cm Lebensform
Aconitum napellus Blauer Eisenhut	blau, weiß, rosa Juni–August	90–150 Staude
Astrantia major Große Sterndolde	weiß, rosa, rot Juni–August	50–70 Staude
Centaurea montana Berg-Flockenblume	blau, weiß, rosa Mai–Juli	40–50 Staude
Chelone obliqua Schlangenkopf	rosa Juli–September	50–80 Staude
Euphorbia griffithii Feuer-Wolfsmilch	orangerot Mai–Juni	50–80 Staude
Geranium sylvaticum Wald-Storchschnabel	violett, weiß, blau Mai–Juli	30–60 Staude
Heuchera-Hybriden Purpurglöckchen	weiß, rosa, rot Mai–Juli	40–70 Staude
Lysimachia punctata Gold-Felberich	goldgelb Juni–September	80–120 Staude
Lythrum salicaria Blut-Weiderich	rosa, rot Juli–September	80–140 Staude

Riesen-Lauch

Allium giganteum

Höhe/Breite: 80 – 150 cm/25 – 30 cm
Blütezeit: Juni – Juli
Zwiebelpflanze

▸ **auffallende Blütenstände**

Blüten: rotviolett (Blüten winzig, aber kugelige Blütenstände mit 20 cm Ø auf kräftigen Stielen); **Boden:** trocken, auch frisch, durchlässig, warm, gedeiht auch auf kargem Boden, bleibt dort aber niedriger; **Pflege:** Zwiebeln im Herbst pflanzen, Boden etwa alle 2 Jahre organisch düngen, wenn keine Samen gebraucht werden, Verblühtes abschneiden; **Gestaltung:** besonders schön in Rabatten in kleinen Gruppen zusammen mit anderen, niedrigeren Zierlauch-Arten

Stockrosen

Alcea rosea

Höhe/Breite: 160 – 220 cm/40 – 60 cm
Blütezeit: Juli – September
Ein- oder zweijährig in Kultur

▸ **klassische Bauerngartenpflanze**

Blüten: weiß, gelb, rosa, purpur, rot bis schwarzrot, einfach und gefüllt (Ø 6 – 8 cm); **Boden:** mäßig trocken bis frisch, durchlässig, tiefgründig, nährstoffreich; **Pflege:** Aussaat April/Mai (einjährige Kultur) oder Juni/Juli (zweijährige Kultur), Boden reichlich organisch düngen, mit Kompost mulchen, an Stab festbinden; **Gestaltung:** besonders schön vor Hauswand oder Zaun, in kleinen, farblich abgestimmten Gruppen oder einzeln als hoher Blickfang

Gute Partner
Katzenminze, Pfingstrosen, Storchschnabel

»Bändigen« Sie die schier unüberschaubare Fülle der Sommerblumen, indem Sie sich in Ihren Beeten auf eine oder wenige Grundfarben beschränken.

Sommer-Margerite

Leucanthemum maximum
Höhe/Breite: 50 – 90 cm/30 – 50 cm
Blütezeit: Juni – September
Staude

▶ **wirkt natürlich, ist robust**

Blüten: weiß mit gelber Mitte, je nach Sorte einfach, gefüllt oder halbgefüllt (Ø ca. 5 – 6 cm); **Boden:** frisch bis mäßig trocken, nährstoffreich, locker, jeder Gartenboden, nur nicht zu sandig oder tonig; **Pflege:** im Frühling organisch düngen, bei Trockenheit gießen, Verblühtes entfernen, nach der Blüte stark zurückschneiden und mit Kompost düngen für Nachblüte im Spätsommer, alle 3 – 4 Jahre im Frühjahr teilen; **Gestaltung:** gruppenweise ins Sommerbeet setzen, das Weiß der Blüte ist mit fast allen Farben kombinierbar

Prachtspiere

Astilbe-Arendsii-Hybriden
Höhe/Breite: 60 – 120 cm/50 – 80 cm
Blütezeit: Juli – September
Staude

▶ **ideal für halbschattige Plätze**

Blüten: je nach Sorte weiß, rosa, rot, lila (Einzelblüten winzig, sie stehen in großen, federartigen Blütenständen zusammen); **Boden:** lehmig, humusreich, feucht, entsprechende Standorte werden vertragen, auf keinen Fall heiße, lufttrockene Plätze; **Pflege:** im Frühjahr organisch düngen und mit Kompost mulchen, regelmäßig wässern, Verblühtes abschneiden, in rauhen Lagen vor dem ersten Frost mit Laub abdecken; **Gestaltung:** am Gehölzrand und im Beet Sorten mit unterschiedlichen Blütezeiten und Farben kombinieren

Silberkerze

Cimicifuga racemosa
Höhe/Breite: 150 – 200 cm/50 – 90 cm
Blütezeit: Juli – August
Staude

▶ **auffallend und langlebig**

Blüten: weiß (winzige Einzelblüten in 60 cm langen kerzenförmigen Blütenständen); **Boden:** locker, feucht, humusreich, auf keinen Fall besonnt oder trocken; **Pflege:** im Frühjahr mit Kompost düngen, vor allem bei Trockenheit regelmäßig gießen, nicht graben oder verpflanzen, sie entwickelt sich am besten, wenn sie ungestört bleibt; **Gestaltung:** sehr schön vor dunklem Hintergrund, setzen Sie Silberkerzen als Gruppe vor Gehölzen oder in den Mauerschatten

EXPERTEN-TIP
Abgebildet ist die Sorte 'Wirral Supreme'.

GUTE PARTNER
Funkien, Immergrüne, Prachtspieren

Robuste Hochsommerblüher

Indianernessel

Monarda-Hybride, Foto: 'Mohawk'
Höhe/Breite: 70 – 130 cm/20 – 50 cm
Blütezeit: Juli – September
Staude

▶ **aromatisches Laub**

Blüten: rosa, fast alle Rottöne, violett und weiß, sehr aromatisch duftend (Ø 5 – 7 cm); **Boden:** frisch bis feucht, nährstoffreich, locker und humos, schwere Böden nicht geeignet; **Pflege:** im Frühling mit Kompost oder verrottetem Stallmist düngen, bei Trockenheit durchdringend gießen, hohe Sorten stützen, im Herbst zurückschneiden, wenn die Blühfreudigkeit nachläßt, im Frühjahr oder Herbst teilen und in frische Erde setzen; **Gestaltung:** gruppenweise als Blickpunkt im Beet-Mittelgrund, auch für den Gehölzrand

Katzenminze

Nepeta x faassenii, Foto: 'Walkers Low'
Höhe/Breite: 30 – 50 cm/40 – 50 cm
Blütezeit: Mai – September
Staude

▶ **lange andauernde Blüte**

Blüten: lavendel- bis lilablau (Ø 8 mm, Blütenstände mehrere cm hoch); **Boden:** jeder normale Gartenboden, der nicht zu schwer ist, trockene Böden werden vertragen, durchlässig, keine Winternässe; **Pflege:** sparsam düngen, Triebe nach der Blüte zurückschneiden, das führt zu kompaktem Wuchs und einer Nachblüte im Herbst, auf mittelschweren Böden im Winter durch Abdeckung vor Nässe schützen; **Gestaltung:** gute Rosenbegleiterin, im Beet auch schön zu kombinieren mit kräftig gefärbten Stauden

Ziertabak

Nicotiana sylvestris
Höhe/Breite: 100 – 150 cm/20 – 30 cm
Blütezeit: Juni – Oktober
Einjährige Pflanze

▶ **sehr dekorativ**

Blüten: weiß, duftend (Ø 5 mm, 1 – 2 cm lang); **Boden:** frisch, mittelschwer, locker, nährstoffreich; **Pflege:** Aussaat im Haus ab Mrz oder zugekaufte Pflanzen nach den Eisheiligen setzen, Boden gut mit Kompost versorgen, bei Trockenheit wässern, Verblühtes abschneiden; **Gestaltung:** sehr schön zusammen mit der nahe verwandten *Nicotiana* x *sanderae,* die es mit weißen, gelben, rosa, roten und violetten Blüten gibt, im Zentrum von Beeten, niedrige Sorten eignen sich für die Kultur in Gefäßen

GUTE PARTNER
Feinstrahl-Aster, Glockenblume, Gräser, Schleierkraut

GUTE PARTNER
Astern, Rittersporn, Schmuckkörbchen

Hier finden Sie auch hohe Stauden, die Sie wie Blumensträuße zwischen niedrigere Arten oder in üppigen, gemischten Gruppen pflanzen können.

Zinnie

Zinnia elegans
Höhe/Breite: 30 – 100 cm/15 – 30 cm
Blütezeit: Juli – Oktober
Einjährige Pflanze

▶ **viele farbenprächtige Sorten**

Blüten: weiß, gelb, orange, rosa, rot, violett, auch zweifarbig, klein- und großblumig, einfach bis pomponartig gefüllt (Ø mehrere cm); **Boden:** etwas feucht, nährstoffreich, durchlässig; **Pflege:** Aussaat im Haus ab April oder zugekaufte Pflanzen nach den Eisheiligen setzen, Sämlinge und Jungpflanzen vor Schnecken schützen, Boden mit Kompost versorgen, hohe Sorten anbinden, regelmäßig gießen, Verblühtes abschneiden; **Gestaltung:** schön in Gruppen im Beet, niedrige Sorten als Einfassung, auch für Gefäße

Königs-Lilie

Lilium regale
Höhe/Breite: 60 – 150 cm/30 cm
Blütezeit: Juli
Zwiebelpflanze

▶ **prachtvolle, edle Blüten**

Blüten: weiß mit gelbem Schlund, außen rosa gestreift, auch reinweiße Sorte, schwer duftend (Ø ca. 6 cm); **Boden:** frisch, durchlässig, nährstoffreich, humos, auch kalkhaltig; **Pflege:** Zwiebeln möglichst im Herbst pflanzen, im Winter mit Mulch abdecken, zum Austrieb mit gut verrottetem Kompost düngen, während der Wachstumszeit bei Trockenheit wässern, lange Stiele unauffällig stützen, Verblühtes abschneiden; **Gestaltung:** sehr schön in Gruppen von 2 – 3 zwischen niedrigen Stauden oder im Bauerngarten

Sonnenhut

Rudbeckia-Arten
Höhe/Breite: 50 – 200 cm/50 – 100 cm
Blütezeit: Juli – September
Staude

▶ **üppige, lang andauernde Blüte**

Blüten: gelb, meist mit dunkler Mitte, einfach und gefüllt – abgebildet ist *R. fulgida* var. *sullivantii* 'Goldsturm' – (Ø mehrere cm); **Boden:** gute Gartenböden, locker, nährstoffreich, frisch, lehmig; **Pflege:** im Frühling mit Kompost oder verrottetem Stallmist düngen, bei Trockenheit durchdringend gießen, hohe Arten und Sorten stützen, Verblühtes entfernen; **Gestaltung:** in Staudenbeeten, in denen kräftige Farben vorherrschen, auch am Zaun, der unauffällig stützt

EXPERTEN-TIP
Sorten von Z. angustifolia werden nur 20 – 50 cm hoch.

EXPERTEN-TIP
Es gibt noch mehr Lilien-Arten, auch für Halbschatten.

Dahlien und Gladiolen

Sorte Gruppe	Blütenfarbe Besonderheit	Höhe/cm Blüte/cm
Einfachblühende Dahlien		
'Andrea' Zwerg-Mignon-Dahlie	gelb gelbe Mitte	20–30 2–4
'Rosa Zwerg' Zwerg-Mignon-Dahlie	rot gelbe Mitte	20 2–4
'Anna Karina' Mignon-Dahlie	weiß gelbe Mitte	40 5–10
'Roxy' Mignon-Dahlie	weinrot dunkles Laub	40 5–10
'Gartenparty' Hohe Mignon-Dahlie	gelborange gelbe Mitte	60 5–10
'Parkprinzess' Hohe Mignon-Dahlie	rosa gelbe Mitte	60 5–10
Halbgefüllte Dahlien		
'Bishop of Llandaff' Päonienblütige Dahlie	feuerrot dunkles Laub	100 8–15
'Olympic Fire' Päonienblütige Dahlie	orangerot dunkles Laub	110 8–15
'Cricket' Halskrausen-Dahlie	rot und gelb zweifarbig	90 7–12
'Rondo' Halskrausen-Dahlie	lila und weiß zweifarbig	110 7–12
'Comet' Anemonenblütige Dahlie	kastanienbraun erhöhte Mitte	80–100 7–12
'Monsieur Dupont' Anemonenblütige Dahlie	purpurrosa erhöhte Mitte	80 7–12
Gefüllte Dahlien		
'Golden Horn' Kaktus-Dahlie	orange geröhrte Blüten	80 über 15
'Marianne Strauß' Kaktus-Dahlie	purpurrosa geröhrte Blüten	110 über 15
'Mairo' Schmuck-Dahlie	violett dicht gefüllt	100 über 15
'White Label' Schmuck-Dahlie	weiß dicht gefüllt	100–120 über 15
'Annette' Ball-Dahlie	rosa kugelige Blüte	120 10
'Rotkäppchen' Ball-Dahlie	orangerot dunkles Laub	80–100 10
'Robina' Pompon-Dahlie	rubinrot kugelige Blüte	100 5
'Schneeflocke' Pompon-Dahlie	weiß kugelige Blüte	100 5

Edelgladiole

Gladiolus-Hybride, Foto: 'Charme'
Höhe/Breite: 40 – 140 cm/20 – 30 cm
Blütezeit: Juni – September
Knollenpflanze, nicht winterhart

▶ **auffallend, gute Schnittblume**

Blüten: alle Farbtöne außer Blau und Schwarz, auch zwei- und mehrfarbig (Ø bis 15 cm, 40 – 50 cm hohe Blütenstände); **Boden:** frisch bis leicht feucht, tiefgründig, durchlässig, mittelschwer, humos, nährstoffreich; **Pflege:** Knollen im Mai pflanzen, bei Spätfrösten Austrieb abdecken, bei Trockenheit gießen, hohe Sorten stützen, Ende Oktober herausnehmen, trocken und frostfrei lagern; **Gestaltung:** sehr schön in kleinen Gruppen als Blickfang im Beethintergrund und am Zaun

Schmuck-Dahlie

Dahlia-Hybride, Foto: 'Purple Joy'
Höhe/Breite: 80 – 150 cm/50 – 80 cm
Blütezeit: Juni – Oktober
Knollenpflanze, nicht winterhart

▶ **vornehm und schmückend**

Blüten: dicht gefüllt, aufgebogene Zungenblüten, alle Farben außer Blau und Schwarz, auch mehrfarbig (Ø bis über 10 cm); **Boden:** leicht feucht, durchlässig, nährstoffreich, mittelschwer, humos; **Pflege:** Knollen ab Ende April pflanzen, Kalidünger geben, vor Spätfrösten schützen, bei Trockenheit gießen, hohe Sorten stützen, nach den ersten Frösten zurückschneiden, Knollen ausgraben und frostfrei überwintern; **Gestaltung:** mit farblich abgestimmten Gladiolen oder anderen Dahlien im Beet kombinieren

EXPERTEN-TIP
Viele Hybrid-Sorten unterschiedlichster Größe

Wenn Sie Verblühtes immer entfernen, blühen Dahlien vom Sommer bis zum ersten Frost. Vergessen Sie nicht, die Knollen dann aus der Erde zu nehmen.

Mignon-Dahlie

Dahlia-Hybride, Foto: 'Fellbacher Gold'
Höhe/Breite: 30 – 40 cm/30 – 40 cm
Blütezeit: Juli – Oktober
Knollenpflanze, nicht winterhart

▶ **sie wirkt sehr natürlich**

Blüten: einfacher Kranz aus Zungenblüten, alle Farben außer Blau und Schwarz, sehr viele gelbe und rote Töne (Ø ca. 6 cm); **Boden:** leicht feucht, durchlässig, nährstoffreich, mittelschwer, humos; **Pflege:** Knollen ab Ende April pflanzen, Kalidünger geben, vor Spätfrösten schützen, bei Trockenheit gießen, hohe Sorten stützen, nach den ersten Frösten zurückschneiden, Knollen ausgraben und frostfrei überwintern; **Gestaltung:** schön mit einfachblühenden Einjährigen im Beet, niedrige Sorten auch für Gefäße

Halskrausen-Dahlie

Dahlia-Hybride, Foto: 'Grand Duc'
Höhe/Breite: 70 – 100 cm/50 – 80 cm
Blütezeit: Juni – Oktober
Knollenpflanze, nicht winterhart

▶ **besonders gut zu kombinieren**

Blüten: halbgefüllt, außen Rosette aus breiten Zungenblüten, im Zentrum feinere, meist anders gefärbte Strahlenblüten, alle Farben außer Blau und Schwarz (Ø 7 – 12 cm); **Boden:** frisch, durchlässig, nährstoffreich, mittelschwer, humos; **Pflege:** Knollen ab Ende April pflanzen, Kalidünger geben, vor Spätfrösten schützen, bei Trockenheit gießen, hohe Sorten stützen, nach den ersten Frösten zurückschneiden, Knollen ausgraben und frostfrei überwintern; **Gestaltung:** gut mit vielen Stauden kombinierbar

Kaktus-Dahlie

Dahlia-Hybride, Foto: 'Walhalla'
Höhe/Breite: 80 – 100 cm/50 – 70 cm
Blütezeit: Juni – Oktober
Knollenpflanze, nicht winterhart

▶ **sehr auffallende Blüten**

Blüten: dicht gefüllt, geröhrte Strahlenblüten, alle Farben außer Blau und Schwarz (Ø 10 – 25 cm); **Boden:** frisch, durchlässig, nährstoffreich, mittelschwer, humos; **Pflege:** Knollen ab Ende April pflanzen, Kalidünger geben, vor Spätfrösten schützen, bei Trockenheit gießen, hohe Sorten stützen, nach den ersten Frösten zurückschneiden, Knollen ausgraben und frostfrei überwintern; **Gestaltung:** besonders schön im Zentrum von Staudenbeeten, Farben gut abstimmen

GUTE PARTNER
Ehrenpreis, Margerite, Rittersporn, Salbei

GUTE PARTNER
Gräser, Margerite, Salbei, Schmuckkörbchen

EXPERTEN-TIP
Semikaktus-Dahlien haben halbgeröhrte Strahlenblüten.

Blüten mit Wildpflanzen-Charme

Frauenmantel

Alchemilla mollis
Höhe/Breite: 30 – 50 cm/40 – 60 cm
Blütezeit: Juni – August
Wildstaude

▶ **vielseitig kombinierbar, robust**

Blüten: grüngelb, eine besonders starkwüchsige und großblütige Gartensorte (Ø Blütenstände 5 – 8 cm); **Boden:** nährstoffreich, möglichst lehmig oder tonig, frisch, nicht zu sandig; **Pflege:** im März abgestorbenes Laub entfernen, zum Austrieb düngen, Verblühtes entfernen, ein Rückschnitt nach der Blüte führt zu einer Nachblüte im September; **Gestaltung:** bildet in farbigen Beeten den ruhenden Pol, wirkt kontrastreich mit roten, ruhig mit blauen Blüten

Breitblättrige Glockenblume

Campanula latifolia var. *macrantha*
Höhe/Breite: 80 – 100 cm/50 – 60 cm
Blütezeit: Juni – Juli
Staude

▶ **robust und pflegeleicht**

Blüten: blauviolett, eine rein weiße Sorte (Ø 3 – 4 cm); **Boden:** frisch bis feucht, verträgt auch feuchte Böden, nährstoffreich, humos, durchlässig; **Pflege:** im Frühling organisch düngen, am besten mit abgelagertem Rinderdung, Austrieb vor Schnecken schützen, bei Trockenheit wässern, im Herbst mulchen; **Gestaltung:** sehr schön im lichten Schatten von Gehölzen oder am Gehölzrand mit anderen Waldpflanzen, auch im halbschattigen Staudenbeet und im Naturgarten

Königskerze

Verbascum-Hybride
Höhe/Breite: 70 – 180 cm/40 – 60 cm
Blütezeit: Juni – August
Staude

▶ **sehr hohe Blütenstände**

Blüten: gelb, auch rosarote, purpurne, bernsteinfarbene und weiße Sorten, Blüten erscheinen erst im zweiten oder dritten Jahr (Ø etwa 1 cm, in 30 – 60 cm langen Ähren); **Boden:** trocken bis mäßig trocken, durchlässig, sandig, nährstoffarm, auf keinen Fall staunaß; **Pflege:** Ähren nach der Blüte dicht über der Blattrosette abschneiden, das kann das Leben der kurzlebigen Staude verlängern; **Gestaltung:** in bunten Bauerngärten oder als Blickpunkt in Rabatten an sonnigen, trockenen Standorten

Gute Partner
Bartnelken, Rittersporn, Glockenblumen

Gute Partner
Farne, Funkien, Silberkerze, Waldgeißbart

Auch Wuchs- und Blütenformen bestimmen den Charakter eines Beetes. Mit natürlich wirkenden Pflanzen erhält Ihr Garten ein naturnahes Aussehen.

Sommer-Salbei

Salvia nemorosa, Foto: 'Blauhügel'
Höhe/Breite: 40 – 80 cm/30 – 40 cm
Blütezeit: Mai – August
Staude

▸ **blüht sehr lange**

Blüten: hell- bis dunkelviolettblau, aromatisch duftend (Ø 5 mm, in etwa 20 cm langen Ähren); **Boden:** mäßig trocken bis frisch, durchlässig, nährstoffreich, die Art verträgt trockene Böden, schwere Böden ungeeignet; **Pflege:** zum Austrieb organisch düngen, Verblühtes entfernen, nach der Blüte kräftig stutzen und mit Kompost düngen, das führt zu einer Nachblüte im September; **Gestaltung:** setzt in Staudenbeeten zu gelb- und rotblütigen Arten hübsche Kontraste, auch für Rosenbeete und den Bauerngarten

Schaublatt

Rodgersia podophylla
Höhe/Breite: 80 – 180 cm/60 – 75 cm
Blütezeit: Juni – Juli
Staude

▸ **Blattschmuck für Schatten**

Blüten: rahmweiß (Ø wenige mm, in bis 50 cm hohen Rispen); **Boden:** frisch bis feucht, durchlässig, nährstoffreich, humushaltig, luftfeucht, keine nassen oder verdichteten Böden; **Pflege:** im Frühling abgestorbene Pflanzenteile entfernen, zum Austrieb mit Kompost oder organisch-mineralischem Dünger versorgen, bei Trockenheit reichlich wässern; **Gestaltung:** ideal am Teichrand oder unter Gehölzen, die großen Blätter bilden einen wirkungsvollen Formkontrast und verfärben sich je nach Sorte im Herbst tiefrot

Silbergrauer Ehrenpreis

Veronica spicata ssp. *incana*
Höhe/Breite: 20 – 40 cm/20 – 40 cm
Blütezeit: Juni – August
Staude

▸ **wertvolle Blattschmuckpflanze**

Blüten: dunkelblau oder tiefviolett, bilden schönen Kontrast zu den silbergrauen Blättern (Einzelblüte wenige mm, in 15 cm langen Ähren); **Boden:** mäßig trocken bis frisch, durchlässig, mäßig nährstoffreich, auch steinig oder sandig; **Pflege:** zum Austrieb mit gut verrottetem Kompost düngen, Verblühtes regelmäßig entfernen; **Gestaltung:** das graue Laub harmoniert in Beeten und Rabatten hervorragend mit pastellfarbenen Stauden und roten Rosen, auch für den Stein- und Heidegarten

GUTE PARTNER
Bart-Iris, Feinstrahl-Astern, Pfingstrosen, Rosen

EXPERTEN-TIP
Andere Graulaubige: Nelken, Wermut, Wollziest

Herbstblüher

Diese Pflanzen legen erst richtig los, wenn das Blütenfeuerwerk der anderen längst verpufft ist. Bei sorgsamer Auswahl verlängern die Herbstblüher die Gartensaison bis zum ersten starken Frost.

Im Herbst wird es langsam ruhiger im Garten. Die Tagestemperaturen laden nun seltener dazu ein, einige Stunden auf der Terrasse zu verbringen. Der Garten hat um diese Jahreszeit jedoch noch viel zu bieten: Wenn Sie bei den Sommerblühern regelmäßig Verblühtes entfernt haben, bilden einige nun nochmals Blütenknospen aus – wenn auch nicht ganz so üppig wie zur Hauptblütezeit.
Die eigentlichen Herbstblüher kommen aber erst jetzt richtig in Form. Den Sommer über sah man nur ihr Laub zwischen den anderen Blüten, nun sind sie an der Reihe.

Richtig planen

Achten Sie bei der Planung Ihres Beetes darauf, daß die Herbstblüher in Gruppen am besten wirken. Dann blitzen nicht nur hier und da einige Blüten auf, sondern man blickt auf kompakte Farbflächen, die auch ein herbstliches Beet zur Augenweide machen. Gerade für Herbstbeete ist eine gute Planung besonders wichtig: Waren es bisher die Blüten der Sommerblüher, die zum vorherrschenden Gesamteindruck beitrugen, so spielen nun ihre Wuchsformen eine nicht unbedeutende Rolle. Machen Sie sich die Mühe, alle verblühten Stengel restlos zu entfernen, so daß sich nur noch die Herbstblüten über dem vielfältigen Grüntönen und Formen des Laubes erheben.
Sollten Sie mit dem Anblick des Beetes dennoch nicht zufrieden sein, gibt es einen einfachen Trick: Kaufen Sie noch einmal vorgezogene, blühende Containerpflanzen, und setzen Sie sie in flache Schalen. Diese kommen zwischen die anderen Pflanzen mitten ins Beet, am besten so, daß die Gefäße unsichtbar bleiben. Auch mit farblich passenden Garten-Accessoires wie Gartenkugeln können Sie herbstliche Beete beleben.

Der Herbst kommt mit warmen und goldenen Tönen in den Garten.

Leuchtender Frühherbst

Herbstblüher für sonnige Plätze

Art	Blütenfarbe Besonderheit	Höhe/cm Blütezeit
Anaphalis triplinervis Silberperlkörbchen	silbrig-weiß graues Laub	20–50 Jul–Sep
Artemisia abrotanum Eberraute	gelbgrün silbriges Laub	80–100 Jul–Okt
Crocosmia x crocosmiiflora Montbretie	gelb, orange, rot braucht Winterschutz	50–80 Jul–Sept
Crocus kotschyanus Herbstkrokus	rosalila gelbe Mitte	10 Sep–Okt
Crocus medius Herbstkrokus	dunkellila gelbe Mitte	7–10 Okt–Nov
Dendranthema arcticum Grönlandmargerite	weiß, gelb, rosa kriechend	25–40 Sep–Okt
Eupatorium maculatum Purpurdost	purpurrot gelbe Herbstfarbe	150–200 Aug–Okt
Gentiana asclepiadea Schwalbenwurzenzian	weiß, dunkelblau Trichterblüten	20–60 Jul–Okt
Leucanthemella serotina Oktobermargerite	weiß vielblütig	130–160 Sep–Okt
Leucojum autumnale Herbstknotenblume	weiß giftig	10–20 Sep–Okt

Herbstblüher für den Halbschatten

Art	Blütenfarbe Besonderheit	Höhe/cm Blütezeit
Anemone hupehensis Herbstanemone	hell- bis dunkelrosa einfache Blüten	60–80 Aug–Sep
Cimicifuga simplex Oktober-Silberkerze	weiß duftend	100–150 Sep–Okt
Colchicum autumnale Wiesenherbstzeitlose	weiß, rosa, lila auch gefüllt, giftig	10–15 Sep–Okt
Colchicum byzantinum Zeitlose	lilarosa reichblütig, giftig	15–20 Aug–Sep
Colchicum-Hybriden Herbstzeitlose	rosa, lila, violett auch gefüllt, giftig	10–15 Aug–Okt
Cyclamen cilicium Herbstalpenveilchen	hell-violettblau frostempfindlich	20 Sep–Okt
Gentiana sinoornata Herbstenzian	tief azurblau purpurblau gestreift	10–15 Sep–Nov
Hosta tardiflora Septemberfunkie	hellviolett olivgrüne Blätter	20–30 Sep–Nov
Saxifraga cortusifolia var. *fortunei*, Herbststeinbrech	weiß verträgt keinen Kalk	45 Sep–Okt
Sedum spectabile Prachtfetthenne	rosa bis purpur graugrüne Blätter	30–40 Aug–Sep
Silene schafta Herbstleimkraut	weiß, rosa Polsterpflanze	10–20 Aug–Sep

Herbst-Chrysantheme

Dendranthema-Grandiflorum-Hybride
Höhe/Breite: 40 – 100 cm/60 cm
Blütezeit: August – November
Staude

▶ **sehr große Sortenauswahl**

Blüten: alle Farben außer Blau und Violett, einfach, halbgefüllt, gefüllt, ballförmig (Ø sehr unterschiedlich); **Boden:** mäßig trocken bis frisch, durchlässig, locker, nicht zu tonig, nährstoffreich, auch kalkhaltig; **Pflege:** zum Austrieb mit verrottetem Stallmist oder Kompost düngen, hohe Sorten zur Blütezeit stützen, im Spätherbst mit Reisig abdecken, Laub ist weniger geeignet, da sich darunter Pilze ausbreiten können; **Gestaltung:** sehr schön an sonnigen Plätzen vor Gehölzen mit Herbstfärbung und vor warmen Mauern

Schmuckkörbchen

Cosmos bipinnatus
Höhe/Breite: 50 – 110 cm/50 – 60 cm
Blütezeit: Juni – Oktober
Einjährige Pflanze

▶ **große Blüten und fiedrige Blätter**

Blüten: weiß, rosa, rot bis karminrot, gelbe Mitte (Ø ca. 5 cm); **Boden:** frisch, durchlässig, locker, nährstoffreich; **Pflege:** Aussaat ab März in Haus oder ab Mitte Mai direkt ins Beet, Boden vor dem Säen oder Pflanzen mit Kompost gut versorgen, bei Trockenheit gut wässern, hohe Sorten stützen, Verblühtes regelmäßig abschneiden; **Gestaltung:** wunderbar für Bauerngärten, schön als kleine Gruppe im Staudenbeet, vor Mauern oder Zäunen, auch in Gefäßen, gute Schnittblume

EXPERTEN-TIP
Abgebildet ist die frühblühende Sorte 'Anastasia'.

GUTE PARTNER
Astern, Indianernessel, Phlox, Spinnenblume

Schneiden Sie im Frühherbst verblühte Sommerblüher zurück, damit die Wirkung der Herbstblumen nicht durch sie beeinträchtigt wird.

Gelenkblume

Physostegia virginiana, Foto: 'Vivid'
Höhe/Breite: 60 – 120 cm/50 – 60 cm
Blütezeit: Juli – September
Staude

▶ **dichte Blütenähren**

Blüten: weiß, rosa bis hell-violettrot (Ø ca. 1 cm); **Boden:** frisch, verträgt auch feuchten Boden, nährstoffreich, humos, etwas lehmig; **Pflege:** im Frühjahr gut mit Kompost versorgen, bei Trockenheit reichlich gießen, hohe Sorten stützen, im Herbst zurückschneiden, sehr große Horste teilen, in rauhen Lagen zum Schutz vor Frösten mit Reisig abdecken; **Gestaltung:** sehr schön am Rand von Teichen oder Wasserläufen, auch wichtiger Herbstblüher für Staudenbeete, sehr haltbare Schnittblume

Eisenkraut

Verbena-Hybride, Foto: 'Novalis'
Höhe/Breite: 20 – 40 cm/20 – 40 cm
Blütezeit: Juni – September
Einjährige Pflanze

▶ **blüht üppig und lange**

Blüten: weiß, rosa, lachsfarben, rot, blau, violett, oft mit weißem Auge, auch zweifarbig (Ø etwa 1 cm); **Boden:** frisch bis mäßig trocken, durchlässig, nicht staunaß, nährstoffreich, humos; **Pflege:** Aussaat im Haus ab Februar möglich, aber nicht einfach, da das Eisenkraut zu den Frostkeimern zählt (vorgequollenes Saatgut für einige Tage in den Kühlschrank legen), Pflanzen erst nach den Eisheiligen in den Garten setzen, bei Trockenheit gießen, Verblühtes entfernen; **Gestaltung:** in kleinen Tuffs ins Beet setzen, sehr schön auch in Gefäßen

Löwenmäulchen

Antirrhinum majus
Höhe/Breite: 20 – 120 cm/15 – 45 cm
Blütezeit: Juni – September
Einjährige Pflanze

▶ **farbenprächtig und langblühend**

Blüten: weiß, gelb, goldgelb, bronze, kupferorange, rotorange, rosa, dunkelrot (Ø 1 – 3 cm); **Boden:** normaler Gartenboden, locker, nährstoffreich; **Pflege:** ab Februar im Haus aussäen, selbstgezogene oder zugekaufte Pflanzen ab April in mit Kompost verbesserten Gartenboden setzen, leichte Spätfröste werden vertragen, gleichmäßig wässern, hohe Sorten stützen, Verblühtes regelmäßig abschneiden; **Gestaltung:** schön bunt gemischt in Beeten, hohe Sorten im Hintergrund, mittelhohe im Zentrum, Zwergsorten am Rand, oder im Kübel ziehen

GUTE PARTNER
Gräser, Schmuckkörbchen, Spinnenblume

EXPERTEN-TIP
Kombinieren Sie unterschiedlich hohe Sorten.

Die Blüten des Herbstes

Kerzenknöterich

Polygonum amplexicaule
Höhe/Breite: 80 – 120 cm/70 cm
Blütezeit: August – Oktober
Staude

▶ **ideal an nassen Standorten**

Blüten: weiß, feuerrot, rubinrot (Einzelblüten winzig, aber 10 – 15 cm hohe Blütenstände); **Boden:** frisch bis feucht, verträgt auch gut feuchte Böden, nährstoff- und humusreich; **Pflege:** regelmäßig mit Kompost versorgen, bei Trockenheit reichlich gießen, sonst werden die Blätter braun, im Spätherbst zurückschneiden, bei zu großem Ausbreitungsdrang überschüssige Pflanzen einfach mit dem Spaten abstechen; **Gestaltung:** sehr schön als Teichrandpflanze, im Hintergrund von Beeten, am Gehölzrand

Japan-Anemone

Anemone-Japonica-Hybride
Höhe/Breite: 60–140 cm/60–100 cm
Blütezeit: August – Oktober
Staude

▶ **wichtig für herbstliche Beete**

Blüten: weiß, zartrosa, reinrosa, violettrosa, purpurrosa, karmin, dunkelrot, einfach und auch halbgefüllt (Ø ca. 2 cm); **Boden:** frisch bis feucht, nasse Böden werden vertragen, locker, nährstoff- und humusreich; **Pflege:** vor allem bei Trockenheit ausreichend gießen, mit Kompost oder verrottetem Stallmist düngen, im Herbst mulchen, bei Frost mit Laub oder Reisig abdecken; **Gestaltung:** schön am Gehölzrand oder in schattigen Bereichen von Beeten

EXPERTEN-TIP
Abgebildet ist die Sorte 'Honorine Jobert'.

Purpurfetthenne

Sedum telephium und *S.-T.*-Hybriden
Höhe/Breite: 30 – 60 cm/bis 60 cm
Blütezeit: August – September
Staude

▶ **viele Spielarten, robust**

Blüten: je nach Spielart und Sorte purpur bis braunrot (Einzelblüte winzig, gewölbte Blütenschirme bis 30 cm breit); **Boden:** trocken bis frisch, trockene Böden werden gut vertragen, durchlässig, mit möglichst hohem Sand- oder Kiesanteil; **Pflege:** vor dem Einpflanzen schwere Böden mit Sand verbessern, nur alle 3 – 4 Jahre organisch düngen, sonst ungestört lassen, die braunroten Samenstände sind noch lange dekorativ, erst im Frühjahr abschneiden; **Gestaltung:** ideal für Steingärten und trockene Beete

EXPERTEN-TIP
Abgebildet ist die Sorte 'Herbstfreude'.

Schattenverträgliche Herbstblumen müssen nicht unbedingt im Beet wachsen. Sie entfalten ihre Wirkung genausogut vor dem bunten Laub von Gehölzen.

Herbsteisenhut

Aconitum carmichaelii var. *wilsonii*
Höhe/Breite: 100–140 cm/etwa 40 cm
Blütezeit: September–Oktober
Staude

▶ **auffallende Blütenstände**

Blüten: blau bis violett (Ø 1–2 cm, in bis 30 cm hohen Blütenständen); **Boden:** ausreichend feucht, nährstoffreich, humos; **Pflege:** im Frühjahr reichlich organisch düngen, am besten mit Hornspänen oder abgelagertem Stallmist, bei Trockenheit durchdringend wässern, nach dem Abblühen bis zum Boden zurückschneiden, dabei Handschuhe tragen zum Schutz vor dem giftigen Pflanzensaft; **Gestaltung:** am schönsten am Gehölzrand und im Naturgarten, auch für nicht zu sonnige Beete

Krötenlilie

Tricyrtis hirta
Höhe/Breite: 50–90 cm/40–60 cm
Blütezeit: September–Oktober
Staude

▶ **sehr attraktiv, etwas empfindlich**

Blüten: orchideenartig, sternförmig, weiß- bis gelbgrundig mit purpurvioletten bis lila Punkten (Ø 5 cm); **Boden:** frisch bis feucht, durchlässig, sehr humusreich, sauer bis neutral; **Pflege:** Boden mit Laubkompost mulchen, bei Trockenheit gießen und durch Besprühen für hohe Luftfeuchtigkeit sorgen, als Frostschutz mit Laub abdecken; **Gestaltung:** als besonderer Blickpunkt unter lichten Gehölzen und am kühlen Gehölzrand, aber keine wüchsigen Partner danebensetzen

Herbstkrokus

Crocus speciosus
Höhe/Breite: 10–15 cm/5–10 cm
Blütezeit: September–November
Zwiebelpflanze

▶ **wirkt sehr natürlich**

Blüten: weiß, lavendel, violettblau, teils dunkel geadert und mit hellem Schlund (Ø ca. 4 cm); **Boden:** frisch, durchlässig; **Pflege:** Pflanzung Juli–August, alle paar Jahre im Herbst organisch düngen, Laub nach der Blüte einziehen lassen, mulchen; **Gestaltung:** ähnlich wie die frühjahrsblühenden Krokusse immer als lockere Gruppe pflanzen, im Beet am besten zwischen schattenspendenden Stauden, schön auch am Gehölzrand vor dunklem Hintergrund und im Steingarten

EXPERTEN-TIP
Abgebildet ist die farbintensive Sorte 'Arendsii'.

GUTE PARTNER
Niedrige Polsterstauden wie Thymian und Gräser.

Astern – Blüten bis zum Frost

Frühblühende Astern mit einigen Sorten		
Art/Sorte	**Blütenfarbe Besonderheit**	**Höhe/cm Blütezeit**
Aster alpinus 'Albus' Alpenaster	reinweiß gelbe Mitte	20–30 Mai–Jun
Aster alpinus 'Dunkle Schöne' Alpenaster	dunkelviolett gelbe Mitte	30 Mai–Jun
Aster alpinus 'Happy End' Alpenaster	rosa verschieden getönt	25–30 Mai–Jun
Aster amellus 'Blütendecke' Bergaster	silberblau rauhhaarig	50 Jul–Sep
Aster amellus 'Lady Hindlip' Bergaster	rosa rauhhaarig	60 cm Jul–Sep
Aster sedifolius 'Nanus' Wildzwergaster	blau gelbe Mitte	20–30 Jul–Aug
Aster sedifolius 'Nanus Roseus' Wildzwergaster	rosa gelbe Mitte	20–30 Jul–Aug
Aster tongolensis 'Berggarten' Frühsommeraster	lilablau orange Mitte	30–40 Mai–Jun
Aster tongolensis 'Berggarten-zwerg', Frühsommeraster	leuchtend blau orange Mitte	20 Mai–Jun
Aster tongolensis 'Leuchtenburg' Frühsommeraster	amethystfarben orange Mitte	50 Mai–Jun
Herbstblühende Astern mit einigen Sorten		
Aster cordifolius Schleieraster	lavendelblau, lila gelbbraune Mitte	60–120 Sep–Nov
Aster divaricatus Herbstaster	weiß braungelbe Mitte	60–80 Sep–Okt
Aster-Dumosus-Hybride 'Jenny' Kissenaster	violettpurpur gelbbraune Mitte	30 Sep–Okt
Aster-Dumosus-Hybride 'Nest-häkchen', Kissenaster	karminrosa gelbbraune Mitte	25 Sep–Okt
Aster ericoides 'Erlkönig' Myrtenaster	blauviolett gelbliche Mitte	120 Sep–Okt
Aster ericoides 'Ringdove' Myrtenaster	rosa gelbbraune Mitte	90 Sep–Okt
Aster ericoides 'Schneegitter' Myrtenaster	weiß gelbbraune Mitte	100 Sep–Okt
Aster novae-angliae 'Barr's Blue', Rauhblattaster	tiefblau gelbe Mitte	150 Sep
Aster novae-angliae 'Rubin-schatz', Rauhblattaster	rubinrot gelbe Mitte	120 Sep
Aster novi-belgii 'Dauerblau' Glattblattaster	lilablau gelbbraune Mitte	150 Okt–Nov
Aster novi-belgii 'Fellowship' Glattblattaster	reinrosa, gefüllt gelbbraune Mitte	90 Sep–Okt

Glattblattaster

Aster novi-belgii, Foto: 'Rubinkuppel'
Höhe/Breite: 60 – 140 cm/50 – 80 cm
Blütezeit: September – Oktober
Staude

▶ **besonders viele Sorten**

Blüten: weiß, rosa, karminrot, hell- bis dunkelblau, purpur, violett, lila, immer mit gelber bis brauner Mitte, auch halbgefüllt und gefüllt (Ø bis 6 cm); **Boden:** frisch bis feucht, verträgt feuchte Böden, nährstoffreich, humos, tiefgründig, sandige oder tonreiche Böden mit Kompost verbessern; **Pflege:** im Frühjahr mit organisch-mineralischem Dünger versorgen, bei Trockenheit gut wässern, hohe Sorten stützen, Rückschnitt nach der Blüte; **Gestaltung:** als Prachtstaude im Beet, hohe Sorten in den Hintergrund setzen

Frikartaster

Aster x *frikartii,* Foto: 'Mönch'
Höhe/Breite: 60 – 80 cm/30 – 40 cm
Blütezeit: August – September
Staude

▶ **besonders edle Hybriden**

Blüten: blau bis lila, gelbe Mitte (Ø bis 7 cm); **Boden:** trocken bis frisch, trockene Böden werden gut vertragen, nicht aber Stau- oder Winternässe, durchlässig, nährstoffreich, kalkhaltig; **Pflege:** nur im Frühling pflanzen, da sehr nässeempfindlich, nur sparsam und organisch düngen, sonst sind diese Hybriden kurzlebig, im Herbst zurückschneiden; **Gestaltung:** sehr gut für sonnige Beete geeignet, mit genügend Abstand pflanzen, damit die einzelnen Blütenbüschel gut zur Geltung kommen

GUTE PARTNER
Andere Herbstastern, Prachtscharte, Goldrute

EXPERTEN-TIP
Häufigste Sorte: 'Wunder von Stäfa' (hell-violettblau)

Astern gelten zwar als typische Herbstblumen, manche Arten blühen jedoch früher. Beachten Sie bei der Planung, daß manche Sorten sehr hoch werden.

Rauhblattaster

Aster novae-angliae, Foto: 'Rosa Sieger'
Höhe/Breite: 100 – 160 cm/50 – 70 cm
Blütezeit: September – Oktober
Staude

▶ **nicht wuchernd, mehltaufest**

Blüten: weiß, leuchtend rosa, karminrot, purpur, violett bis lavendelblau, dunkelblau, sie schließen sich zumindest bei den älteren Sorten bei trübem Wetter und abends (Größe je nach Sorte sehr unterschiedlich, meist 2 – 4 cm); **Boden:** frisch, kurzzeitig wird auch Trockenheit vertragen, nährstoffreich, tiefgründig, keine schweren Böden; **Pflege:** im Frühjahr organisch düngen, bei Trockenheit wässern, Rückschnitt nach der Blüte; **Gestaltung:** als Blickpunkt in den Beethintergrund setzen

Bergaster

Aster amellus, Foto: 'Veilchenkönigin'
Höhe/Breite: 40 – 60 cm/30 – 40 cm
Blütezeit: August – September
Wildstaude

▶ **hat Wildpflanzen-Charme**

Blüten: rosa, veilchenblau, lila, violettblau, mit gelber Mitte (Ø bis 6 cm); **Boden:** mäßig trocken bis frisch, trockene Böden werden vertragen, keine Stau- oder Winternässe, durchlässig, kalkhaltig; **Pflege:** nur im Frühling pflanzen, da die Art sehr nässeempfindlich ist, nur sparsam düngen, sonst bleiben die Pflanzen kurzlebig und werden anfällig für Krankheiten, bei sehr nährstoffreichem Boden zur Verlängerung der Lebensdauer alle 3 Jahre teilen; **Gestaltung:** sehr schön im sonnigen Staudenbeet und im Bauerngarten

Kissenaster

Aster-Dumosus-Hybride
Höhe/Breite: 15 – 50 cm/teppichartig
Blütezeit: August – Oktober
Staude

▶ **guter Flächendecker im Beet**

Blüten: weiß, rosa, karmin, rot, blau, violett bis lila, Mitte meist gelb (Ø 4 – 5 cm); **Boden:** frisch bis feucht, lehmig, humusreich, tiefgründig; **Pflege:** im Frühjahr organischen Dünger einarbeiten, bei Trockenheit reichlich gießen, das beugt auch dem Mehltau-Befall vor; Rückschnitt nach der Blüte, alle 4 Jahre im Frühjahr teilen, das verhindert ein Verkahlen der Pflanzen und hält sie gesund; **Gestaltung:** hohe Sorten in den Mittel- und Hintergrund von Beeten, niedrige auch als Einfasssung, schön im Steingarten

GUTE PARTNER
Andere Herbstastern, Sonnenauge, Sonnenhut

EXPERTEN-TIP
Abgebildet ist die Sorte 'Herbstgruß'.

Gräser,

Farne, Bodendecker

Die in dieser Gruppe zusammengefaßten Pflanzen bestechen mehr durch ihren Wuchs und ihre Blätter als durch Blütenfülle und -farben. Unter den Bodendeckern gibt es jedoch auch viele mit attraktiven Blüten.

In vielen Gärten fristen diese Pflanzen ein wahres Schattendasein. Allenfalls die sogenannten Bodendecker werden zur Begrünung von Bereichen unter Bäumen und Sträuchern eingesetzt und bilden dann gerne langweilig-grüne Flächen. Das muß keinesfalls so sein: Kombinieren Sie standortgemäße Bodendecker mit unterschiedlichen Höhen, Blütenfarben und Wuchs miteinander. Lassen Sie Lücken zwischen den Bodendeckern, in die Sie höherwachsende Stauden pflanzen können. Schon wird aus einem eintönigen Teppich ein bewegtes Bild. Wählen Sie auch solche Sorten aus, die buntes Laub haben, um selbst außerhalb der Blühperiode Farbkontraste zu erzielen.

Sonnige Standorte

Der vorgestellte Polsterphlox ist nur ein Beispiel für die vielen Möglichkeiten, auch sonnige Flächen mit Bodendeckern zu schmücken. Suchen Sie in Gartencentern bei den Steingartenpflanzen nach weiteren flächig wachsenden Polsterstauden, damit lassen sich Vorgärten oder Zufahrten gut gestalten. Da viele dieser Pflanzen sandigen Boden brauchen (beim Kauf nachfragen), sollten Sie den Standort entsprechend vorbereiten. Auch Gräser können mitten im Beet mit ihren fächerartig auseinanderstrebenden Blättern einen zierlichen Kontrast zu den Stauden bilden.

Schattige, feuchte Lagen

In fast jedem Garten gibt es schattige und oft auch feuchte Zonen. Gerade dem Garten-Einsteiger scheint es unmöglich, solche Bereiche schön zu gestalten und zu bepflanzen. Hier bilden Farne und schattenverträgliche Gräser eine wunderbare und oft sehr pflegeleichte Alternative. Ihre unterschiedlichen Wuchsformen und das Laub sorgen auch ohne Blüten für Spannung.

Selbst ohne Blüten mit viel Charme: gut geplanter Schattengarten.

Gräser – herbe Schönheiten

Zittergras

Briza media
Höhe/Breite: 40 – 60 cm/20 – 30 cm
Blütezeit: Mai – Juni
Staude

▶ **zierliche, flockige Blütenstände**

Blüten: flache, violette, herzförmige Ährchen an zarten, verzweigten Rispen; **Blätter:** frischgrün, schmal, bilden lichte Horste; **Boden:** jeder nicht zu nährstoffreiche Gartenboden, trocken bis frisch, durchlässig; **Pflege:** bei anhaltender Trockenheit wässern, sehr mäßig düngen; **Gestaltung:** in Steppen- und Heidebeeten in kleiner, lockerer Gruppe zwischen großblättrige Stauden setzen, auch für den Steingarten geeignet, keine wild gewachsenen Pflanzen ausgraben, sie sind geschützt!

Blauschwingel

Festuca cinerea
Höhe/Breite: 30 – 60 cm/20 – 30 cm
Blütezeit: Juni – Juli
Staude

▶ **farblich ansprechendes Gras**

Blüten: gedrungene Blütenrispen in der Farbe der Blätter, später vergilbend; **Blätter:** schmal, je nach Sorte graugrün bis stahlblau, igelartig nach allen Seiten stehend, bilden halbkugelige Polster; **Boden:** mäßig trocken bis trocken, humus- und nährstoffarm, sandig, durchlässig, Nässe wird nicht vertragen; **Pflege:** im Frühling abgestorbene Teile entfernen, nicht düngen, sonst verschwindet die typische Farbe, und das Gras vergrünt; **Gestaltung:** sehr schön einzeln oder in kleiner Gruppe in Beeten mit magerem Boden oder im Steingarten

Chinaschilf

Miscanthus sinensis
Höhe/Breite: 100–270 cm/90–100 cm
Blütezeit: September – Oktober
Staude

▶ **auch im Winter sehr dekorativ**

Blüte: fedrige Rispen in Cremeweiß, Silber, Braunrot oder Hellbraun, dekorative Fruchtstände; **Blätter:** dunkelgrün, linealisch mit silbrigem Mittelstreifen an bambusartigen Halmen, leicht überhängend, bildet hohe Horste; **Boden:** frisch bis feucht, auch feuchte Standorte werden vertragen, nährstoffreich; **Pflege:** Blätter und Fruchtstände erst im Frühling zurückschneiden, zum Austrieb düngen, von selbst aufgelaufene Sämlinge entfernen; **Gestaltung:** schön als Solitär am Gartenteich oder im Hintergrund des Beetes

Gute Partner
Begonien, Frauenmantel, Glockenblumen

Experten-Tip
Sorten: 'Kleine Fontäne' (Foto), 'Silberfeder', 'Zebrinus'

Pflanzen Sie hohe, markante Gräser wie das Pampasgras einzeln zwischen Stauden. Die niedrigeren Arten wirken meist in der Gruppe am besten.

Lampenputzergras

Pennisetum alopecuroides
Höhe/Breite: 40 – 100 cm/bis 60 cm
Blütezeit: September – Oktober
Staude

▶ **wunderschön überhängend**

Blüten: walzenförmige Ähren mit fedrig wirkenden Grannen in Hell- bis Rotbraun, abgebildet ist die Sorte 'Hameln'; **Blätter:** schmal, überhängend, graugrün, mit goldgelber Herbstfärbung, bilden breite Horste; **Boden:** mäßig trocken bis feucht, verträgt keine sehr trockenen, sandigen und auch keine verdichteten Böden; **Pflege:** im Frühling zurückschneiden, gelegentlich düngen, bei längerer Trockenheit gießen; **Gestaltung:** als Einzelpflanze oder in kleiner Gruppe im Beet, auch am Hang

Weißbunte Japan-Segge

Carex morrowii 'Variegata'
Höhe/Breite: 40 – 50 cm/30 – 40 cm
Blütezeit: April
Staude

▶ **winter- bis immergrün**

Blüten: kleine, gelbe Blüten in Ährenbüscheln; **Blätter:** breit, bogenförmig überhängend, dunkelgrün mit seitlichen gelben Streifen, bildet flache Horste; **Boden:** jeder humose Gartenboden, frisch bis feucht, verträgt weder Staunässe noch Trockenheit; **Pflege:** im Frühjahr fleckige Blätter entfernen, bei Trockenheit gießen; **Gestaltung:** gedeiht und sieht gut aus zwischen lichten Gehölzen oder im Schatten von Hecken und Mauern, einzeln oder in kleinen Gruppen setzen

Pampasgras

Cortaderia selloana
Höhe/Breite: 120–260 cm/150–180 cm
Blütezeit: September – Oktober
Staude

▶ **sehr dominante Pflanze**

Blüten: große, seidige, silbrigweiße Rispen (50 – 70 cm hoch); **Blätter:** schmal, lang mit scharfen Rändern, graugrün, bilden hohe Horste; **Boden:** frisch, auch kurzfristig trocken, tiefgründig, durchlässig, nährstoffreich; **Pflege:** im Frühjahr vorjährige Blätter zurückschneiden, reichlich düngen, bei längerer Trockenheit gießen, im Spätherbst als Winterschutz Blätter zu einem Schopf zusammenbinden und mit trockenem Laub einpacken; **Gestaltung:** unbedingt einzeln stellen, schön am Rasenrand und vor Mauern, auch in Kiesbeeten

GUTE PARTNER
Astern, Herbstchrysanthemen, Frauenmantel

EXPERTEN-TIP
Verwandte: Riesensegge (C. pendula), bis 150 cm hoch

EXPERTEN-TIP
Sorten: 'Sunningdale Silver' (200 cm), 'Pumila' (bis 150 cm)

Farne – von filigran bis robust

Pfauenradfarn

Adiantum pedatum
Höhe/Breite: 40 – 60 cm/bis 100 cm
Blütezeit: keine Blüte, bildet Sporen
Staude

▶ **markante Blattfächer**

Blätter: hellgrüne Wedel aus zierlichen, fächerförmig angeordneten, gewellten Fiedern, bilden breite Horste, Herbstfarbe goldgelb; **Boden:** feucht bis frisch, feuchte Böden werden vertragen, durchlässig, humusreich; **Pflege:** im Frühling dicht mit Laubkompost oder Nadelstreu mulchen, bei drohenden Spätfrösten abdecken, im Herbst Fallaub aufbringen, wüchsigere Nachbarn ausjäten, ungestört lassen; **Gestaltung:** ideal an markanter Stelle unter lichten Gehölzen, auch im halbschattigen Beet oder Steingarten

Schildfarn

Polystichum setiferum
Höhe/Breite: 50–100 cm/60–120 cm
Blütezeit: keine Blüte, bildet Sporen
Staude

▶ **lockere, trichterförmige Horste**

Blätter: mattgrün, doppelt gefiedert, filigran, weich, fast frotteeähnlich, Wedel schmal-lanzettlich, locker und elegant überhängend, bilden Trichter oder lockere Büschel, in milden Lagen wintergrün; **Boden:** frisch bis feucht, locker, humusreich; **Pflege:** im Herbst mit Laubhumus mulchen, im Frühjahr und Sommer bei längerer Trockenheit gießen und mit Wasser übersprühen; **Gestaltung:** besonders schön unter lichten Gehölzen, bei tiefgründigem und feuchtem Boden auch an der Nordseite von Mauern

Hirschzungenfarn

Phyllitis scolopendrium
Höhe/Breite: 20 – 40 cm/20 – 30 cm
Blütezeit: keine Blüte, bildet Sporen
wintergrüne Staude

▶ **ungewöhnliche Blattform**

Blätter: hellgrün, glänzend, zungenförmig, ungeteilt, ledrig, Ränder leicht gewellt, bilden breite Horste; **Boden:** frisch bis feucht, durchlässig, humusreich, auch leicht sauer, verträgt nasse Böden, nicht an leicht austrocknende Plätze setzen; **Pflege:** beim Pflanzen Laubkompost beimischen, vorjährige Blätter erst beim Neuaustrieb entfernen, vor Spätfrösten schützen, im Herbst mit Laubkompost mulchen; **Gestaltung:** ideal für schattige, windgeschützte Gartenbereiche, gehört wegen seiner geringen Größe in den Vordergrund

EXPERTEN-TIP
Es gibt viele Sorten, darunter auch Zwergformen.

EXPERTEN-TIP
Einer der schönsten Farne mit vielen Sorten.

GUTE PARTNER
Gefiederte Farne, Salomonssiegel (Polygonatum), Waldmeister

Gestalten Sie schattige Gartenbereiche abwechslungsreich mit mehreren, nach Größe und Wuchsform gestaffelten Farnen, kombiniert mit Waldstauden.

Wurmfarn

Dryopteris filix-mas
Höhe/Breite: 50–110 cm/80–100 cm
Blütezeit: keine Blüte, bildet Sporen
Staude

▶ **robuster, heimischer Farn**

Blätter: Oberseite stumpfgrün, Unterseite heller, doppelt gefiedert, Wedel leicht überhängend, bilden trichterförmige Horste; **Boden:** frisch bis feucht, locker, einer der wenigen Farne, der auch kurze Zeit Trockenheit verträgt; **Pflege:** gelegentlich mit Laubhumus mulchen, bei länger anhaltender Trockenheit gießen; **Gestaltung:** geeignet für naturnahe, halbschattige bis schattige Gartenbereiche wie Gehölzränder, bei genügend Bodenfeuchtigkeit auch für sonnige Plätze

Straußfarn

Matteuccia struthiopteris
Höhe/Breite: 60 – 140 cm/bis 100 cm
Blütezeit: keine Blüte, bildet Sporen
Staude

▶ **schöne Form, bildet Ausläufer**

Blätter: frischgrün, doppelt gefiedert, die straußenfederartigen Wedel sind trichterförmig angeordnet; **Boden:** frisch bis feucht, zeitweise Nässe wird vertragen, nicht aber stehende, locker, humusreich; **Pflege:** bei Trockenheit reichlich wässern, im Herbst mit Laubhumus mulchen, bei zu starkem Wuchern Ausläufer abstechen; **Gestaltung:** am besten im lichten Schatten waldartiger Gehölze oder vor Hecken pflanzen, nur ein oder wenige Exemplare setzen, denn die Art braucht viel Platz, da sie Ausläufer bildet

Königsfarn

Osmunda regalis
Höhe/Breite: 60–200 cm/120–150 cm
Blütezeit: keine Blüte, bildet Sporen
Staude

▶ **größter heimischer Farn**

Blätter: frischgrün, doppelt gefiedert, gelbe Herbstfärbung; **Boden:** feucht bis naß, locker, humusreich, sauer; **Pflege:** beim Pflanzen – am besten im Frühjahr – Torf beimischen, regelmäßig mit Laubhumus oder Nadelstreu mulchen, reichlich gießen, vor allem sonnig stehende Farne; **Gestaltung:** schön unter lichten Gehölzen oder im Hintergrund schattiger Beete, bei ausreichend feuchtem Boden auch in sonnigen Gartenbereichen, keine wild gewachsenen Pflanzen ausgraben, sie sind geschützt!

GUTE PARTNER
Funkien, Glockenblumen, Rhododendren

GUTE PARTNER
Japansegge und andere Gräser, Funkien, Geißbart

Bodendecker – blühende Teppiche

Kriechender Günsel

Ajuga reptans
Höhe/Breite: 15 – 20 cm/bis 50 cm
Blütezeit: April – Mai
Staude

▶ **anspruchslos, wüchsig**

Blüten: je nach Sorte weiß, rosa, purpurrosa, blau, leuchtend blau (Ø 5 – 8 mm in dichten, kerzenartigen Blütenständen); **Boden:** frisch bis feucht, auch nasse Böden werden vertragen, nährstoffreich, lehmig; **Pflege:** im Frühjahr organisch düngen, bei Trockenheit gießen, die Art breitet sich durch Ausläufer aus, die durch Abstechen unter Kontrolle gehalten werden können; **Gestaltung:** passend für den Gehölzrand, vor lockeren Hecken und im Uferbereich, es gibt auch Sorten mit dekorativem, braunrotem oder weißbuntem Laub

Ysander

Pachysandra terminalis
Höhe/Breite: 20 – 30 cm/60 cm
Blütezeit: April – Mai
Halbstrauch

▶ **immergrün, problemlos**

Blüten: weiß, klein, in kurzen, walzenförmigen Ähren, wenig auffällig; **Boden:** frisch, locker, humos, schwach sauer; **Pflege:** im Frühjahr sparsam organisch düngen, bei anhaltender Trockenheit gießen, gut eingewachsene Pflanzen brauchen kaum Pflege; **Gestaltung:** ideal als anspruchsloser Rasenersatz vor und unter hohen und niedrigen Gehölzen, wird meist flächig gepflanzt, es gibt auch eine Sorte mit dekorativen, weiß gerandeten Blättern

Immergrün

Vinca minor
Höhe/Breite: 10 – 20 cm/bis 120 cm
Blütezeit: April – Mai
Halbstrauch

▶ **immergrün und wüchsig**

Blüten: lichtblau, auch leuchtend blau, weiß und rot, auch gefüllt (Ø 1 cm); **Boden:** mäßig trocken bis feucht, verträgt auch kühle, feuchte Stellen, locker, humos; **Pflege:** im Herbst mit einer Schicht reifen Komposts düngen, die langen Triebe bilden an aufliegenden Blattknoten Wurzeln, wenn nötig, Pflanzen auf die gewünschte Größe zurücknehmen; **Gestaltung:** hervorragender Bodendecker unter Gehölzen und im Mauerschatten, nur zusammen mit starkwüchsigen Pflanzen setzen, da das Immergrün weniger wüchsige überwuchert

GUTE PARTNER
Elfenblume, große Farne, Frauenmantel

EXPERTEN-TIP
Die Sorte 'Variegata' hat weißbuntes Laub.

Bepflanzen Sie größere Flächen nicht eintönig mit einem Bodendecker. Kombinieren Sie besser mehrere Arten mit unterschiedlichen Blättern und Blüten.

Gefleckte Taubnessel

Lamium maculatum
Höhe/Breite: 15 – 40 cm/60 cm
Blütezeit: Mai – Juni
Wildstaude

▶ **viele interessante Sorten**

Blüten: lilapurpur, in Quirlen, auch weiß, rosapurpurn und violettrosa (Ø bis 1 cm); **Boden:** frisch bis feucht, nasse Böden werden vertragen, locker, nährstoffreich; **Pflege:** im Herbst oder Frühling mit Humus mulchen, zu stark wuchernde Ausläufer abstechen, nur bei anhaltender Trockenheit gießen; **Gestaltung:** sehr schön flächig gepflanzt unter Gehölzen oder im Schatten von Mauern und Hecken, es gibt Sorten mit silbrig gefleckten oder gestreiften Blättern, die düstere Bereiche optisch aufhellen

GUTE PARTNER
Gräser, Lungenkraut, Salomonssiegel

Frühlingsgedenkemein

Omphalodes verna
Höhe/Breite: 10 – 20 cm/30 – 60 cm
Blütezeit: März – Mai
Staude

▶ **wirkt sehr natürlich**

Blüten: leuchtend blau mit weißer Mitte, auch reinweiße Sorte (Ø ca. 1 cm); **Boden:** frisch bis feucht, auch nasse Böden werden vertragen, locker, humos, kalkhaltig; **Pflege:** gelegentlich im Frühling mit einer Schicht Kompost düngen, nur bei anhaltender Trockenheit gießen. Die Art breitet sich durch Ausläufer aus und muß gegebenenfalls auf die gewünschte Größe zurückgenommen werden; **Gestaltung:** schön unter und vor Gehölzen, vor Mauern, im beschatteten Randbereich von Beeten

EXPERTEN-TIP
Verwandt: Kaukasus-Gedenkemein (O. cappadocica)

Polsterphlox

Phlox-Subulata-Hybriden
Höhe/Breite: 5 – 15 cm/bis 60 cm
Blütezeit: April – Mai
Polsterstaude

▶ **reichblütig in voller Sonne**

Blüten: je nach Sorte reinweiß, lachsrosa, leuchtend rosa, purpurrot, karminrot, schieferblau oder violett (Ø 5 – 6 mm); **Boden:** mäßig trocken bis frisch, verträgt auch trockene Böden, durchlässig, nährstoffreich; **Pflege:** nur sparsam gießen und mäßig düngen, nach der Blüte Polster auf etwa die halbe Höhe zurückschneiden, dadurch bleiben sie kompakt und blühen im Herbst noch einmal; **Gestaltung:** schön als Bodendecker im Steingarten, als Beeteinfassung, auf Mauerkronen und auf besonnten Hängen

GUTE PARTNER
Blaukissen, zierliche Gräser, Schleierkraut

Bäume und Sträucher

Diese Pflanzen bilden stabile, verholzte Triebe und Wurzeln aus und können so viel höher wachsen als Stauden und Sommerblumen. Durch ihre Beständigkeit sind sie das tragende Gerüst jeder Gartengestaltung.

Bäume und Sträucher wollen mit Fingerspitzengefühl in den Garten hineingeplant werden. Bedenken Sie hierbei, daß Gehölze sehr langlebig sind und oft sehr langsam wachsen. Unmittelbar nach dem Kauf wirken sie meist so zierlich, daß man leicht aus dem Auge verliert, wie groß sie einmal werden. Auch wenn es noch so verlockend erscheint, kaufen und pflanzen Sie nicht zu viele Gehölze! Füllen Sie in den ersten Jahren die Lücken besser mit Stauden auf. Sie lassen sich später leichter entfernen als zu eng gepflanzte Gehölze.

Der richtige Baum
Wählen Sie zunächst die großen Gehölze aus. Für die meisten kleineren Gärten reicht ein einziger Baum als Blickpunkt oder Hausbaum aus. Das kann ein reines Ziergehölz, aber durchaus auch ein Obstbaum sein. Dieser braucht eventuell einen Bestäubungspartner, was Sie erfragen oder nachlesen können. In diesem Fall sollten Sie eine Sorte passend zu einem vorhandenen Baum im Nachbargarten wählen oder zusammen mit einem Nachbarn ein Baumpaar pflanzen.

Sträucher auswählen
In sehr kleinen Gärten kann ein Großstrauch ein angemessener Baumersatz sein. Auch er beansprucht noch viel Platz, sein Standort erfordert daher ebenso sorgfältige Planung. Mittelgroße Sträucher bilden meist den Hintergrund von Beeten oder werden als Sichtschutz an der Terrasse gepflanzt.
Kleinere Sträucher sind beinahe universell einsetzbar. Sie können für Hecken und Einfassungen verwendet werden oder auch im Staudenbeet Akzente setzen. Wählen Sie aber stets die Blatt- (auch die Herbstfärbung) und die Blütenfarben der Sträucher passend zu den Stauden in der Nachbarschaft.

Bäume und Sträucher prägen das Gartenbild übers ganze Jahr.

Bäume – das Rückgrat großer Gärten

Japanische Zierkirsche

Prunus serrulata
Höhe/Breite: 4 – 10 m/4 – 8 m
Blütezeit: April – Juni
Strauch oder Baum

▶ **blüht überreich**

Blüten: je nach Sorte weiß, hell- bis dunkelrosa, einfach, halbgefüllt bis gefüllt, leicht duftend (Ø bis 6 cm); **Boden:** durchlässig, auch trockene Böden werden vertragen, humusreich, kalkhaltig; **Pflege:** Wildtriebe, die aus der Veredelungsunterlage wachsen, entfernen, kein Schnitt nötig; **Gestaltung:** sehr gut als Solitär geeignet, wählen Sie nach Bedarf aus den vielen Sorten, die unterschiedlich hoch wachsen und breite bis säulenförmige, auch überhängende Kronen bilden

Zierapfel

Malus-Hybriden
Höhe/Breite: bis 8 m/bis 10 m
Blütezeit: April – Mai
Baum oder großer Strauch

▶ **ausladender Wuchs**

Blüten: rosa, rot, rubin-, lila- bis schwarzrot (Ø 3 – 5 cm), schmückende, gelbe bis rote Früchte; **Blätter:** bei einigen Sorten im Austrieb braunrot, später glänzend grün, Herbstfärbung je nach Sorte gelb, orange, rot, braunrot; **Boden:** tiefgründig, humusreich, nicht zu trocken und sandig, neutral bis sauer; **Pflege:** Baumscheibe mulchen, alte Bäume gelegentlich auslichten; **Gestaltung:** wirkt sowohl in Einzelstellung als auch in lockeren Gehölzgruppen sehr gut

Kugelakazie

Robinia pseudoacacia 'Umbraculifera'
Höhe/Breite: 4 – 6 m/4 m
Blütezeit: keine
Kugelbaum

▶ **sehr dekorative Krone**

Blüten: diese Sorte blüht nicht, weiße, duftende Blüten erscheinen im Juni nur bei der 20 m hohen Wildart; **Blätter:** gefiedert, an bedornten Zweigen, im Herbst gelb; **Boden:** trocken bis frisch, kalkhaltig, feuchte und saure Standorte ungeeignet; **Pflege:** die Sorte bildet auch ohne Schnitt eine kugelige Krone aus, sie kann aber auch ganz streng in Form geschnitten werden; **Gestaltung:** sie wirkt umwerfend als gut sichtbarer Solitär im Rasen, ihre Wurzelausscheidungen hemmen den Wuchs anderer Gehölze!

EXPERTEN-TIP
Gefüllte Sorten: 'Hokusai' (hellrosa), 'Kanzan' (dunkelrosa)

EXPERTEN-TIP
Weitere Sorte: 'Frisia' (lockere Krone, goldgelbe Blätter)

Wählen Sie Bäume mit Bedacht aus! Gerade im kleinen Garten wirkt ein gut plazierter Baum besser als eine auch noch viel Schatten werfende Baumgruppe.

Trauerbirke

Betula pendula 'Youngii'
Höhe/Breite: 5 – 7 m/4 m
Blütezeit: März – April
Baum

▶ **zierlich und dekorativ**

Blüten: gelbe, hängende Kätzchen; **Blätter:** frischgrün, im Herbst gelb; **Boden:** trocken bis frisch, durchlässig, nährstoffreich; **Pflege:** keine besonderen Schnitt- und Pflegemaßnahmen, außer bei langer Trockenheit zu wässern; **Gestaltung:** am besten wirkt die Trauerbirke als Solitär und als Kulisse für ein Staudenbeet oder einen Sitzplatz, unbedingt beim Kauf nach den niedrigen Gartenformen fragen, denn die wildwachsende Hängebirke wird über 20 m, die Sorte 'Gracilis' als weiteres Beispiel nur 3 – 5 m hoch

Eberesche

Sorbus aucuparia
Höhe/Breite: 5 – 15 m/je nach Sorte
Blütezeit: Mai
Baum oder Strauch

▶ **mehrere Frucht- und Ziersorten**

Blüten: weiße Doldentrauben, streng-würzig duftend, daraus bilden sich korallenrote Beeren, es gibt besonders großfrüchtige Sorten, die als Wildobst gepflanzt werden; **Blätter:** gefiedert, orangerote Herbstfärbung; **Boden:** nährstoffreich, tiefgründig, mäßig trocken; **Pflege:** im Frühjahr mit Kompost düngen, kein Schnitt nötig; **Gestaltung:** die niedrig bleibenden, säulenartigen Zierformen und Hochstämme eignen sich besonders als Solitäre, strauchartige Formen wirken gut in Gruppen und Hecken

EXPERTEN-TIP
Sorten: 'Fastigiata' (Säulenform), 'Pendula' (Trauerform)

Japanischer Fächerahorn

Acer palmatum 'Atropurpureum'
Höhe/Breite: 4 – 6 m/2 – 5 m
Blütezeit: Mai – Juni
Baum oder Strauch

▶ **optimal für kleine Gärten**

Blüten: purpurrot in Trauben, aus denen sich rötliche, geflügelte Nüßchen bilden; **Blätter:** je nach Sorte gelb, grün bis dunkelrot und mit unterschiedlicher, aber spektakulärer Herbstfärbung; **Boden:** durchlässig, schwach sauer, leicht feucht; **Pflege:** bei Trockenheit durchdringend gießen, sonst ungestört lassen; **Gestaltung:** die Sorten wirken am besten als Solitär, nehmen Sie sich Zeit für die Auswahl, es gibt insgesamt rund 200 (!) Sorten mit unterschiedlichen Höhen, Wuchs und Färbungen

GUTE PARTNER
Unterpflanzung mit Gedenkemein oder Schaumblüte.

Kleine Bäume und große Sträucher

Tulpenmagnolie

Magnolia x soulangiana
Höhe/Breite: bis 6 m/bis 4 m
Blütezeit: April – Mai
Strauch

▶ **unvergleichliche Frühlingsblüte**

Blüten: erscheinen vor den Blättern, je nach Sorte oder Hybride weiß bis rosa, auch zweifarbig und gestreift, intensiv duftend (Ø bis 10 cm); **Blätter:** groß, eiförmig, grün; **Boden:** schwach sauer bis neutral, feucht, durchlässig, nährstoffreich, weder trocken noch verdichtet; **Pflege:** im Herbst als Frostschutz den Wurzelbereich mulchen, Wurzeln nicht durch Graben verletzen, Triebe nicht schneiden, die Blüten sind spätfrostgefährdet, der Baum aber nicht; **Gestaltung:** einzigartig als Solitär, auch im kleinen Vorgarten

Perückenstrauch

Cotinus coggygria
Höhe/Breite: bis 5 m/bis 4 m
Blütezeit: Juni – Juli
Strauch

▶ **zarte, leichte Blütenstände**

Blüten: weißliche Blüten in großen Rispen, bleiben lange erhalten, daraus entwickeln sich ab Juli perückenartige, rote Fruchtstände; **Blätter:** länglich-oval, je nach Sorte grün oder dunkelrot mit oranger bis roter Herbstfärbung; **Boden:** trocken bis frisch, kalkhaltig, sandig-lehmig; **Pflege:** nicht schneiden, damit die Blütenfülle erhalten bleibt und sich die natürliche Wuchsform entwickeln kann; **Gestaltung:** schön in Einzelstellung oder als Blickpunkt in einer lockeren Gehölzgruppe

Kupfer-Felsenbirne

Amelanchier lamarckii
Höhe/Breite: 5 – 8 m/3 – 5 m
Blütezeit: April – Mai
Strauch oder Baum

▶ **anspruchslos und dekorativ**

Blüten: erscheinen vor dem Laub, cremeweiß, in langen Trauben, nach Honig duftend, aus ihnen bilden sich im August kleine, purpurrote, roh eßbare Apfelfrüchte; **Blätter:** eiförmig, dunkelgrün, gelbe bis orangerote Herbstfärbung; **Boden:** jeder normale Gartenboden, kalkhaltig, auch trocken; **Pflege:** die anspruchslose Art braucht keine speziellen Schnitt- und Pflegemaßnahmen; **Gestaltung:** schön einzeln oder zu mehreren in lockeren Blütenhecken, als Solitär im Gartenhintergrund oder als Kulisse von Frühlingsbeeten

EXPERTEN-TIP
Verwandte: Sternmagnolie (M. stellata, weiß)

GUTE PARTNER
Schön vor einer Kulisse aus dunklen Nadelgehölzen.

EXPERTEN-TIP
Verwandte: Hängende Felsenbirne (A. laevis)

Kleine Bäume und große Sträucher sind besonders vielseitig: Sie können auch bei wenig Platz als Solitär Akzente setzen und geben Hecken und Gehölzgruppen Struktur.

Edelflieder

Syringa-Vulgaris-Hybride
Höhe/Breite: bis 6 m/bis 5 m
Blütezeit: Mai
Strauch

▶ **klassischer Blütenstrauch**

Blüten: je nach Sorte weiß, gelb, rosa, purpur, lilarot ('Charles Joly', Foto oben), auch zweifarbig, einfach oder gefüllt in aufrechten, walzenförmigen Rispen; **Blätter:** breitoval, kräftig grün; **Boden:** durchlässig, nährstoffreich, kalkhaltig, auch auf trockenen Böden; **Pflege:** zum Austrieb Kalidünger geben, Wildtriebe am Ansatz entfernen, Abgeblühtes umgehend abschneiden; **Gestaltung:** sehr schön einzeln als Blickpunkt im Beethintergrund, auch in Hecken und Gehölzgruppen

Pfaffenhütchen

Euonymus europaea
Höhe/Breite: bis 6 m/bis 4 m
Blütezeit: Mai
Strauch oder kleiner Baum

▶ **auffallende, giftige Früchte**

Blüten: unauffällig gelbgrün, bei einer Sorte auch rosarot, aus den Blüten entwickeln sich ab August giftige, vierlappige karminrote Früchte; **Blätter:** elliptisch, hellgrün, im Herbst gelb bis karminrot; **Boden:** trocken bis frisch, kalkhaltig, nährstoffreich; **Pflege:** vor dem Austrieb mit Kompost mulchen, das führt zu einem üppigeren Fruchtansatz, nicht schneiden, damit sich die typische Wuchsform entwickeln kann; **Gestaltung:** dekorativ als Solitär, auch in Gehölzgruppen und Hecken

Essigbaum

Rhus typhina
Höhe/Breite: bis 4 m/bis 6 m
Blütezeit: Juni–Juli
baumartiger Strauch

▶ **prachtvolles Herbstlaub**

Blüten: grün in kerzenartigen Rispen, aus ihnen bilden sich ab August kolbenartige, rotbraune, giftige Fruchtstände; **Blätter:** groß, gefiedert, giftig, im Herbst orange-scharlachrot; **Boden:** normale, trockene bis feuchte Gartenböden; **Pflege:** den Wurzelbereich ungestört lassen und Wurzeln nicht durch Graben verletzen, da sich sonst Ausläufer bilden, austreibende Ausläufer konsequent jedes Jahr entfernen; **Gestaltung:** braucht als Solitär reichlich Platz, kann auch in eine lockere Gehölzgruppe gesetzt werden

GUTE PARTNER
Felsenbirne, Haselnuß, Schwarzer Holunder

EXPERTEN-TIP
Sorten: 'Dissecta' (Blatt farnartig), 'Laciniata' (geschlitzt)

Vielseitige kleine Sträucher

Ranunkelstrauch

Kerria japonica 'Pleniflora'
Höhe/Breite: bis 2 m/bis 1,50 m
Blütezeit: Mai
Strauch

▶ **blüht überreich, anspruchslos**

Blüten: goldgelb, gefüllt, ranunkelartig-kugelig, etwa 5 cm dick; **Blätter:** länglich-eiförmig, frischgrün, bilden schönen Kontrast zu den Blüten; **Boden:** die Sorte gedeiht willig auf jedem Gartenboden; **Pflege:** wenig düngen, sonst bilden sich kaum Blüten, aber viele Ausläufer, nach strengen Wintern erfrorene Zweige herausnehmen, alte regelmäßig zurückschneiden, überzählige Ausläufer entfernen; **Gestaltung:** ideal als Bestandteil einer Hecke oder in lockerer Gruppe, hat in Einzelstellung wenig Ausstrahlung

Feuerdorn

Pyracantha coccinea
Höhe/Breite: 2 – 3 m/bis 2 m
Blütezeit: Mai – Juni
immergrüner Strauch

▶ **feuriger Herbstschmuck**

Blüten: weiß, eher unscheinbar, daraus entwickeln sich ab August kleine Früchte, je nach Sorte oder Hybride gelb, orange oder rot; **Blätter:** klein, glänzend dunkelgrün, an bedornten Trieben, in rauhen Lagen nur wintergrün; **Boden:** anspruchslos, gedeiht auf jedem – selbst trockenem – Gartenboden; **Pflege:** braucht keinen Schnitt, kann aber in Form gestutzt werden, im Frühling erfrorene Zweige herausnehmen; **Gestaltung:** schön vor der Hauswand oder in Hecken

Forsythie

Forsythia x intermedia
Höhe/Breite: 1 – 4 m/bis 2,50 m
Blütezeit: April
Strauch

▶ **prachtvoll und früh blühend**

Blüten: zahllose gelbe Blüten, die vor dem Blattaustrieb erscheinen, viele Sorten von hell- bis dottergelb; **Blätter:** mattgrüne, kleine Blättchen; **Boden:** jeder normale Gartenboden, frisch, nährstoffreich; **Pflege:** regelmäßig organisch düngen, alle 3 – 4 Jahre ältere Zweige herausnehmen, damit der Strauch weiter üppig blüht; **Gestaltung:** ideal in einer Strauchgruppe oder Hecke, wo sie im Frühling zur Blüte gut sichtbar ist, niedrige Sorten auch für den Steingarten oder Gefäße geeignet

Experten-Tip
Andere Immergrüne: Lorbeerkirsche, Skimmie

Gute Partner
Wildtulpen, Traubenhyazinthen, Blausternchen

Kleine Sträucher kommen am besten in Beeten oder lockeren Gruppen zur Geltung. Spielen Sie mit verschiedenen Höhen, Wuchsformen und Farben.

Rhododendron

Rhododendron-Hybriden
Höhe/Breite: bis 4 m/bis 4 m
Blütezeit: April–Juni
immergrüner Strauch

▶ **viele Hybriden und Sorten**

Blüten: je nach Spielart weiß, gelb, orange, rosa, rot, violett in dichten Büscheln, auch andersfarbig gezeichnet; **Blätter:** ledrig, glänzend; **Boden:** humusreich, durchlässig, sauer; **Pflege:** beim Einpflanzen Boden nötigenfalls mit Torf oder Nadelstreu ansäuern, spezielle Rhododendron-Dünger aus dem Fachhandel verwenden, Wurzelbereich mulchen, Wurzeln nicht verletzen, Verblühtes abdrehen, bei Trockenheit gründlich wässern; **Gestaltung:** als Gruppe im Gehölzschatten, stimmen Sie die Blütezeitpunkte aufeinander ab

Weigelie

Weigela-Hybride
Höhe/Breite: bis 3 m/bis 3 m
Blütezeit: Mai–Juli
Strauch

▶ **blühfreudig, viele Sorten**

Blüten: je nach Sorte helles Rosa bis Dunkelrot, glockenförmig an bogig überhängenden Zweigen; **Blätter:** oval, frischgrün, bilden einen schönen Kontrast zu den Blüten; **Boden:** normale, gepflegte Gartenböden, nährstoffreich; **Pflege:** im Frühling organisch düngen und mit Kompost mulchen, regelmäßig die ältesten Triebe an der Basis herausschneiden, damit die Blütenfülle erhalten bleibt; **Gestaltung:** sehr schön als einzelner Blickpunkt im Beethintergrund oder als Heckenstrauch

Japanischer Schneeball

Viburnum plicatum f. *tomentosum*
Höhe/Breite: bis 2 m/bis 3 m
Blütezeit: Mai–Juni
Strauch

▶ **wirkt sehr exotisch**

Blüten: weiß in 6–8 cm breiten, flachen Rispen, selten bilden sich aus ihnen ab September blauschwarze, giftige Beeren; **Blätter:** länglich, dunkelgrün, im Herbst weinrot bis violett; **Boden:** jeder frische, humose, durchlässige Gartenboden; **Pflege:** gelegentlich organisch düngen, hin und wieder zu dicht stehende Äste für eine aufgelockerte Wuchsform auslichten; **Gestaltung:** wirkt in Einzelstellung genauso gut wie in lockeren Gruppen und Hecken

EXPERTEN-TIP
Azaleen sind laubabwerfende Rhododendren.

EXPERTEN-TIP
Abgebildet ist die großblütige Sorte 'Mariesii'.

Immergrüne Gehölze

Stechpalme

Ilex aquifolium
Höhe/Breite: 2–5 m/bis 4 m
Blütezeit: Mai
Laubgehölz

▶ **wehrhafte Heckenpflanze**

Blüten: weiß, unscheinbar, daraus bilden sich ab September giftige, je nach Sorte rote oder orangegelbe Früchte (Ø 7–10 mm); **Blätter:** mittel- bis dunkelgrün, je nach Sorte auch weiß bis gelb gerandet oder graugrün marmoriert, glänzend, ledrig, bestachelt; **Boden:** frisch, locker, humusreich; **Pflege:** im Herbst kräftig gießen, Wurzelbereich mulchen, nötigenfalls durch Schattieren vor austrocknender Wintersonne schützen, im Frühling organisch düngen; **Gestaltung:** schön in Gehölzgruppen und freiwachsenden Hecken

Weißfichte

Picea glauca
Höhe/Breite: bis 9 m/bis 2,50 m
Blütezeit: April–Mai
Nadelgehölz

▶ **Zwerg- und Kegelformen**

Blüten: unscheinbar, daraus bilden sich ab Oktober braune, unauffällige Zapfen; **Nadeln:** je nach Sorte hell-, grau- bis blaugrün, starr und stechend; **Boden:** durchlässig, frisch bis etwas feucht, leicht sauer bis kalkhaltig; **Pflege:** bei anhaltender Trockenheit gut wässern, störende Triebe können herausgenommen werden; **Gestaltung:** die Sorten eignen sich gut für kleine Gärten, Kegelformen als Blickpunkt im Beet, flach wachsende Zwergformen für Steingärten und auch Tröge

Wacholder

Juniperus communis
Höhe/Breite: bis 4 m/bis 1 m
Blütezeit: April–Mai
Nadelgehölz

▶ **wichtig für Heidegärten**

Blüten: unscheinbar, daraus bilden sich ab September blauschwarze Beerenzapfen, die Wacholderbeeren; **Nadeln:** je nach Sorte blaugrau bis -grün, spitz, aber nicht stechend; **Boden:** alle Böden, auch trockene und karge; **Pflege:** ältere Säulenformen zusammenbinden, wenn sie auseinanderzufallen drohen; **Gestaltung:** säulenförmige Sorten geben Heidegärten Höhe, sonst als Solitär, Zwergformen für den Steingarten und Tröge, kriechende Sorten sind auch gute Bodendecker

EXPERTEN-TIP
Abgebildet ist die Sorte 'Argenteomarginata'.

EXPERTEN-TIP
Abgebildet ist die Sorte 'Echiniformis'.

GUTE PARTNER
Ginster, Heidekraut, Glocken- und Schneeheide

Als Solitäre bieten Immergrüne das ganze Jahr über einen Blickpunkt. Zu viele davon lassen den Garten aber schnell sehr düster wirken.

Lebensbaum

Thuja occidentalis
Höhe/Breite: 0,3 – 10 m/0,4 – 4 m
Blütezeit: März – Mai
Nadelgehölz

▶ **große Formenvielfalt**

Blüten: unscheinbar, aus ihnen bilden sich ab September kleine, giftige grünliche bis braune, eiförmige bis längliche Zapfen; **Nadeln:** schuppenförmig, aromatisch duftend, giftig, je nach Sorte gelb, bronze, frisch-, dunkel- oder blaugrün, im Winter oft verbraunend; **Boden:** alle Gartenböden, solange sie ausreichend Feuchtigkeit enthalten; **Pflege:** gelegentlich düngen; **Gestaltung:** Säulenformen sind gute Solitäre, Zwergformen schön im Steingarten, einige Sorten auch für Schnitthecken geeignet

Bergkiefer

Pinus mugo
Höhe/Breite: bis 3 m/bis 4 m
Blütezeit: April – Mai
Nadelgehölz

▶ **viele Formen und Sorten**

Blüten: männliche Blüten ährenartig, weibliche unscheinbar, aus ihnen bilden sich schon bei jungen Pflanzen ab Juli eiförmige, braune Zapfen; **Nadeln:** dunkelgrün bis graublau, starr, zu zweit stehend; **Boden:** durchlässig, humos, mäßig trocken bis feucht, auch nährstoffarm; **Pflege:** möglichst nicht schneiden, damit sich das Gehölz typisch entwickeln kann; **Gestaltung:** die Zwergformen passen gut in Heide- oder Steingärten oder Tröge, höher wachsende in Einzelstellung oder Gruppen

Fadenscheinzypresse

Chamaecyparis pisifera
Höhe/Breite: bis 5 m/bis 4 m
Blütezeit: März – Mai
Nadelgehölz

▶ **robust und vielseitig**

Blüten: unscheinbar, aus ihnen bilden sich ab Oktober kleine, braune, kugelige Zapfen; **Nadeln:** schuppenförmig, je nach Sorte goldgelb, bronzefarben, frischgrün bis silbergraublau; **Boden:** jeder Gartenboden, der durchlässig und nicht zu trocken ist; **Pflege:** gelbnadelige Formen nötigenfalls im Winter durch Sackleinen vor starker Sonne und austrocknendem Wind schützen; **Gestaltung:** Zwergformen für Steingärten oder Hänge, höhere Sorten mit fadenförmigen Zweigen ('Filifera ...') auch im Vorgarten

EXPERTEN-TIP
Sorten: 'Columna' (Säule), 'Danica' (Kugel), 'Holmstrup' (Kegel)

EXPERTEN-TIP
Flachkugelige, niedrige Sorten: 'Compressa' und 'Filifera Nana'

Obstgehölze, nahrhaft und schön

Schwarze Johannisbeere

Ribes nigrum

Höhe/Breite: 1 – 1,80 m/ca. 1,50 m

Blütezeit: April

Strauch

▶ **besonders viel Vitamin C**

Blüten: grünlichgelbe Trauben; **Früchte:** schwarz, je nach Sorte mittelgroß bis groß, mit intensiv färbendem Saft; **Boden:** mittelschwer, humos, nährstoffreich; **Ernte und Pflege:** Früchte Juni–August erntereif, bei anhaltender Trockenheit wässern, Wurzelbereich regelmäßig mulchen, jedes Jahr im Winter erschöpfte, alte Triebe ganz herausschneiden, Sie erkennen sie an der dunkleren Farbe; **Gestaltung:** schön als Bestandteil einer Hecke oder als Einfriedung eines Bauerngartens

Süßkirsche

Prunus avium

Höhe/Breite: 5 – 10 m/4 – 9 m

Blütezeit: April – Mai

Baum

▶ **auch schwachwüchsigere Formen**

Blüten: weiß bis rosa, eine zweite Befruchtersorte nötig; **Früchte:** groß, je nach Sorte violett, rot, orange oder gelb; **Boden:** nährstoffreich, locker, tiefgründig; **Ernte und Pflege:** Früchte je nach Sorte ab Mai–Juli erntereif, Baumscheibe mit Kompost mulchen, in rauhen Lagen vor strengem Frost mit Stammschutzfarbe einstreichen, in den ersten Jahren Erziehungsschnitt empfehlenswert; **Gestaltung:** nur für größere Gärten empfehlenswert, da Süßkirschen je nach Sorte und Veredelungsunterlage bis zu 80 qm Standfläche brauchen

Sauerkirsche

Prunus cerasus

Höhe/Breite: 2 – 7 m/2 – 4 m

Blütezeit: April – Mai

Baum

▶ **ein Baum reicht pro Familie aus**

Blüten: weiß, die meisten Sorten brauchen keine zusätzliche Befruchtersorte; **Früchte:** je nach Sorte klein bis groß, hell- bis dunkelrot, braunviolett; **Boden:** gut durchlüftet, auch weniger fruchtbare Böden; **Ernte und Pflege:** Früchte je nach Sorte Juli–August erntereif, Baum nach der Ernte auslichten, etwa alle 10 Jahre Verjüngungsschnitt durchführen, der Baum verkahlt sonst; **Gestaltung:** schön im Einzelstand auf der Wiese als Blickpunkt oder als Bestandteil einer lockeren Gehölzgruppe

EXPERTEN-TIP

Besser zweite Sorte als Pollenspender pflanzen.

GUTE PARTNER

Mehrere Pollenspender sollten in der Nähe wachsen.

EXPERTEN-TIP

Sorten: 'Ludwigs Frühe', 'Morellenfeuer', 'Schattenmorelle'

Viele Arten sind prächtige Frühjahrsblüher, etliche zeigen auch einen hübschen Wuchs, alle aber haben dazu noch den Vorzug, köstliche Früchte zu tragen.

Schwarzer Holunder

Sambucus nigra
Höhe/Breite: 4 – 7 m/4 – 5 m
Blütezeit: Mai – Juni
Strauch

▶ **anspruchsloser Heckenstrauch**

Blüten: cremig-weiß, duftend, in breiten doldenartigen Rispen, werden auch in dünnem Teig in Öl herausgebacken gerne gegessen; **Früchte:** kleine, schwarze Früchte in hängenden Rispen, gekocht eßbar; **Boden:** frisch bis feucht, nährstoffreich; **Ernte und Pflege:** Früchte August–September erntereif, Wurzelbereich regelmäßig mulchen und organisch düngen, verträgt starken Rückschnitt; **Gestaltung:** hübsch in einer lockeren Hecke und auch neben dem Komposthaufen

Apfel

Malus domestica
Höhe/Breite: 2 – 10 m/2 – 8 m
Blütezeit: Mai
Baum

▶ **auch schwachwüchsige Formen**

Blüten: weiß bis rosa überhaucht, brauchen Befruchtersorte in der Nähe; **Früchte:** je nach Sorte mittelgroß bis groß, grün, gelb, orange oder rot; **Boden:** jeder gepflegte Gartenboden, etwas geschützte Lage; **Ernte und Pflege:** je nach Sorte erntereif ab August bis Oktober, regelmäßiger Schnitt empfehlenswert, Baumscheibe freihalten und mulchen; **Gestaltung:** als Solitär sind kleine Formen mit kugeliger Krone schön, schwachwüchsige können auch am Spalier an besonnter Mauer gezogen werden

Pflaume, Zwetschge

Prunus domestica
Höhe/Breite: 5 – 10 m/bis 8 m
Blütezeit: April – Mai
Baum

▶ **viele Formen und Sorten**

Blüten: weiß, einige Sorten brauchen eine Befruchtersorte in der Nähe; **Früchte:** Pflaumen rundlich, gelb, rot oder blauviolett, Zwetschgen oval bis eiförmig, mit Naht, blau bis violett; **Boden:** frisch, nährstoffreich, durchlässig, windgeschützte Lage; **Ernte und Pflege:** je nach Sorte Juli–September erntereif, Baumscheibe mulchen, in rauhen Lagen Stämme mit Farbanstrich vor Frostrissen schützen, Krone regelmäßig schneiden, im Frühjahr düngen; **Gestaltung:** am schönsten in einem kleinen Obstgarten

EXPERTEN-TIP
Es gibt besonders großfrüchtige Sorten im Fachhandel.

EXPERTEN-TIP
Weitere Formen: Mirabellen und Renekloden

Rosen

Bei den Rosen scheiden sich die Geister: Die einen schwärmen von den schönen Blüten und ihrem Duft, die anderen stehen ihnen wegen des manchmal doch etwas höheren Pflegeaufwands reservierter gegenüber.

In der Tat gehören Rosen zu den heikleren Gartenpflanzen. Sie verlangen einen tiefgründigen Boden, brauchen täglich viele Sonnenstunden und sind oft anfällig für Krankheiten und Schädlinge. Daher sollten sich Einsteiger den Rosen mit Respekt nähern. Am besten pflanzen Sie zunächst eine besonders robuste Sorte im Staudenbeet. Gießen, düngen und schneiden Sie Ihre Rose wie empfohlen, und warten Sie ab, wie sie sich entwickelt.

Übung macht den Meister

Sollte Sie bei gutem Gedeihen dann das »Rosenfieber« packen, haben Sie eine Vielzahl an Möglichkeiten: Verteilen Sie Beetrosen als Leitpflanzen im Staudenbeet oder legen Sie ein spezielles Rosenbeet an. Auch im kleinsten Garten und Beet findet noch eine Hochstammrose Platz, die schön unterpflanzt werden kann. Bei mehr Platz können Sie Strauchrosen in den Rasen oder als Hecke setzen. Lassen Sie duftende Kletterrosen über Ihre Terrasse, besonnte Mauern oder Spaliere wuchern. Verwandeln Sie langweilige Gartenlauben oder Pergolen mit ihrer Hilfe in üppig blühende Schmuckstücke. Einige Sorte wachsen so niedrig, breit und dicht, daß sie sogar als Bodendecker eingesetzt werden können.

Stimmen Sie stets die Farben ab: Zu Rot, Rosa und Weiß passen Blau und Violett, während gelbe Rosen durch zarte Töne wie Weiß, Gelb oder Silber betont werden.

Vergessen Sie aber nie, Verblühtes regelmäßig zu entfernen. Schieben Sie diese lästige Arbeit nicht auf, sondern opfern Sie dafür täglich ein paar Minuten. Ältere Rosen verkahlen im unteren Bereich gerne etwas. Sie können dies mit einem entsprechenden Schnitt verhindern oder durch die Unterpflanzung passender Stauden ausgleichen.

Vielfalt der Rosen – für jeden Garten findet sich die richtige.

Kletter- und Strauchrosen

Niedrige, öfterblühende Rosen

Sorte	Gruppe	Blütenfarbe	Blüte	Höhe/cm	Besonderheit
'Alexander'	Teehybride	hell zinnoberrot	halbgefüllt, duftend	90	Blüten einzeln
'Allgold'	Floribundarose	goldgelb	gefüllt, duftend	40–70	büschelblütig
'Edelweiß'	Floribundarose	cremeweiß	gefüllt, duftend	40–60	büschelblütig
'Mainaufeuer'	Bodendeckerrose	blutrot	gefüllt	50	büschelblütig
'Ponderosa'	Floribundarose	blutorange	halbgefüllt	50	büschelblütig
'Symphony'	Teehybride	karminrosa	gefüllt, duftend	90	Blüten einzeln

Mittelhohe, öfterblühende Rosen

Sorte	Gruppe	Blütenfarbe	Blüte	Höhe/cm	Besonderheit
'Chaucer'	Englische Rose	zartrosa	gefüllt, duftend	100	Blüten einzeln
'Gertrude Jekyll'	Englische Rose	leuchtend rosa	gefüllt, stark duftend	150–180	Blüten einzeln
'Gloria Dei'	Teehybride	goldgelb mit rosa	dicht gefüllt, duftend	120	Blüten einzeln
'Heritage'	Englische Rose	zartrosa	gefüllt, stark duftend	120	Blüten einzeln
'Nymphenburg'	Strauchrose	orange mit rosa	halbgefüllt, duftend	150	büschelblütig
'Othello'	Englische Rose	karmesinrot	gefüllt, stark duftend	150	Blüten einzeln

Hohe, öfterblühende Rosen

Sorte	Gruppe	Blütenfarbe	Blüte	Höhe/cm	Besonderheit
'Abraham Darby'	Englische Rose	aprikot mit rosa	gefüllt, duftend	150–210	Blüten einzeln
'Elmshorn'	Strauchrose	lachsrosa	gefüllt	150–200	büschelblütig
'Goldstern'	Kletterrose	tief goldgelb	gefüllt	200–300	büschelblütig
'Gruß an Heidelberg'	Strauchrose	karminrot	gefüllt, duftend	200–300	büschelblütig
'Gruß an Koblenz'	Kletterrose	feurig blutrot	gefüllt	200–300	büschelblütig
'Paul's Scarlet Climber'	Kletterrose	scharlachrot	halbgefüllt, duftend	300–400	büschelblütig
'Sympathie'	Kletterrose	samtig dunkelrot	gefüllt, stark duftend	300–400	büschelblütig
'Westerland'	Strauchrose	goldgelb mit orange	halbgefüllt, duftend	150–200	büschelblütig

Kletterrose

'New Dawn'

Höhe/Breite: bis 4 m/2 – 4 m
Blütezeit: Juni – Oktober
Gehölz

▶ **sehr dankbare Sorte**

Blüten: zartrosa-weißlich, fein duftend, mittelgroß (Ø etwa 5 cm), locker gefüllt, sitzen in dichten Büscheln, regenfest und selbstreinigend, öfterblühend; **Boden:** nahrhaft, lehmig; **Pflege:** weiche Triebe an Kletterhilfe aufleiten, im Frühjahr zum Austrieb Volldünger und im August Kalimagnesia-Dünger geben, im Frühjahr abgestorbenes Holz und alte, zu dicht stehende Triebe herausnehmen; **Gestaltung:** an besonnten Wänden an Kletterhilfe ziehen, über Bögen, Pergolen, Mauern und Zäune ranken lassen

Kletterrose

'Rosarium Uetersen'

Höhe/Breite: 2 – 3 m/bis 2 m
Blütezeit: Juni – Oktober
Gehölz

▶ **alte, robuste Sorte**

Blüten: im Aufblühen rosarot, dann leuchtend dunkelrosa, leicht duftend, groß (Ø etwa 12 cm), dicht gefüllt, stehen in Büscheln, öfterblühend; **Boden:** nahrhaft, lehmig; **Pflege:** im Frühjahr zum Austrieb Volldünger, im August Kalimagnesia-Dünger geben, wenn Sie Verblühtes nicht regelmäßig entfernen, bildet diese Sorte auf Kosten der Blütenfülle Hagebutten; im Frühjahr auslichten; **Gestaltung:** sieht sehr gut aus freistehend an Säulen, Pyramiden, am Wandspalier und im Beet als Hochstammrose

GUTE PARTNER

Waldrebe, Ehrenpreis, Glockenblumen, Ziest

Strauchrosen bringen Farbe ins Beet und setzen Akzente, Kletterrosen bestechen durch ihre überhängende Blütenfülle, Bodendeckerrosen unterdrücken Unkraut.

Kleinstrauchrose

'Sommerwind'
Höhe/Breite: 0,6 m/0,6 m
Blütezeit: Juni – September
Gehölz

▶ **optimal für Hanggärten**

Blüten: leuchtend rosa, dann verblassend, schwach duftend, mittelgroß (Ø 6 cm) locker gefüllt, sitzen in Büscheln, öfterblühend; **Boden:** nahrhaft, lehmig; **Pflege:** im Frühjahr Volldünger, gegen Sommerende Kalimagnesia-Dünger, im Frühjahr zurückschneiden; **Gestaltung:** als kleine Gruppe (2 – 3 im Abstand von 60 cm) zur Hangbefestigung und als Bodendecker, auch im Staudenbeet mit blau-rotem Farbthema, reizvoll als Hochstammrose

GUTE PARTNER
Blau und rot blühende Stauden und Einjährige

Strauchrose

'Schneewittchen'
Höhe/Breite: bis 1,5 m/1 – 1,5 m
Blütezeit: Juni – September
Gehölz

▶ **für pastellfarbene Beete**

Blüten: weiß mit gelben Staubgefäßen, teils rosa überhaucht, duftend, mittelgroß (Ø 7 – 8 cm), locker gefüllt, sitzen in Büscheln, regenfest und selbstreinigend, öfterblühend; **Boden:** nahrhaft, lehmig; **Pflege:** im Frühjahr zum Austrieb Volldünger, gegen Sommerende Kalimagnesia-Dünger, im Frühjahr zurückschneiden; **Gestaltung:** schön als erhöhter Blickpunkt in pastellfarbenen Beeten nahe am Sitzplatz, harmoniert gut mit anderen zartfarbenen Rosen

EXPERTEN-TIP
Blüht im Spätherbst noch einmal üppig.

Strauchrose

'Lichtkönigin Lucia'
Höhe/Breite: 1,5 m/1 – 1,5 m
Blütezeit: Juni – September
Gehölz

▶ **schön vor dunklen Hecken**

Blüten: leuchtend zitronengelb bis hellgelb, leicht duftend, groß (Ø bis 10 cm), gefüllt, edelrosenähnlich, bilden kleine Büschel, öfterblühend; **Boden:** nahrhaft, lehmig; **Pflege:** im Frühjahr zum Austrieb Volldünger, gegen Sommerende Kalimagnesia-Dünger, im Frühjahr zurückschneiden; **Gestaltung:** in Einzelstellung und in Gruppen schön, wirkt umwerfend vor einem Hintergrund aus dunkelgrünen Gehölzen, attraktiv auch im farblich abgestimmten Staudenbeet

GUTE PARTNER
Weiß oder blau blühende mittelhohe Stauden

Alte, Englische und Beetrosen

Zentifolie

Rosa centifolia
Höhe/Breite: bis 2 m/1 – 1,5 m
Blütezeit: Juni – August
Gehölz

▶ **Ausgangsform vieler Sorten**

Blüten: je nach Sorte weiß, silberrosa oder rot, stark duftend, mittelgroß (Ø 7 – 8 cm), locker bis dicht gefüllt, teils geviertelt, einmal-, aber reich und lange blühend; **Boden:** nahrhaft, lehmig; **Pflege:** im Frühjahr Volldünger, gegen Sommerende Kalimagnesia-Dünger geben, im Frühjahr nur auslichten; **Gestaltung:** als alte Art ideal für den Bauerngarten, auch gut mit anderen Rosen zu kombinieren, hübsch als Solitär oder in lockerer Hecke

Englische Rose

'Charles Austin'
Höhe/Breite: bis 1,5 m/1 m
Blütezeit: Juni – August
Gehölz

▶ **wirkt sehr nostalgisch**

Blüten: aprikosenfarbig, später rosa überhaucht, stark duftend, groß (Ø 8 – 9 cm), becherförmig, stark gefüllt, reichblühend, vereinzelte Nachblüte; **Boden:** nahrhaft, lehmig; **Pflege:** im Frühjahr Volldünger, gegen Sommerende Kalimagnesia-Dünger, im Frühjahr auslichten; **Gestaltung:** bildet als aufrechte und buschige Strauchrose einen auffallenden Blickpunkt im Beethintergrund, auch vor Hecken oder inmitten niedrigerer Rosen

Floribunda-Rose

'Gruß an Aachen'
Höhe/Breite: bis 0,5 m/bis 0,5 m
Blütezeit: Juni – September
Gehölz

▶ **sehr nostalgische Blüten**

Blüten: rahmweiß, im Zentrum gelblich bis rosa überhaucht, leicht duftend, groß (Ø bis 10 cm), dicht gefüllt, sitzen in Büscheln, reich- und öfterblühend; **Boden:** nahrhaft, lehmig; **Pflege:** im Frühjahr Volldünger, gegen Sommerende Kalimagnesia-Dünger geben, im Frühjahr zurückschneiden; **Gestaltung:** als Beetrose bestens geeignet für Bauerngärten, gedeiht besser in weniger sonnigen Lagen, nicht in praller Sonne, gut mit pastellfarbenen Rosen oder Stauden zu kombinieren

EXPERTEN-TIP
Sorten:* *'Muscosa' (rosa, gefüllt), 'Parkjuwel' (kirschrot, gefüllt)

GUTE PARTNER
Blauviolette Waldreben, als Unterpflanzung Lavendel

Die gefüllten, meist duftenden Blüten der Alten und Englischen Rosen haben viel nostalgischen Charme. Beetrosen wirken edler und strenger.

Floribunda-Rose

'Queen Elizabeth'
Höhe/Breite: 1 – 1,8 m/ca. 1 m
Blütezeit: Juni – September
Gehölz

▶ **wirkt streng, aber elegant**

Blüten: lachsrosa, dann zu hellrosa aufhellend, duftend, groß (Ø 8 – 10 cm), locker gefüllt, becherförmig, sitzen in Büscheln auf langen Stielen, öfterblühend; **Boden:** nahrhaft, lehmig; **Pflege:** im Frühjahr Volldünger, gegen Sommerende Kalimagnesia-Dünger geben, im Frühjahr zurückschneiden; **Gestaltung:** als Beetrose wegen der etwas strengen Wirkung nicht kunterbunt mit anderen Stauden mischen, sondern in ein eigenes, farblich gut abgestimmtes Rosenbeet setzen, auch für den Vorgarten geeignet

Floribunda-Rose

'Edelweiß'
Höhe/Breite: 0,4 m/0,4 m
Blütezeit: Juni – September
Gehölz

▶ **sehr zart und zierlich**

Blüten: cremeweiß, aus rahmgelben Knospen, leicht duftend, mittelgroß (Ø 5 – 7 cm) gut gefüllt, sitzen in Büscheln, öfterblühend; **Boden:** nahrhaft, lehmig; **Pflege:** im Frühjahr Volldünger, gegen Sommerende Kalimagnesia-Dünger geben, im Herbst anhäufeln und mit Reisig abdecken, im Frühjahr zurückschneiden; **Gestaltung:** als Beetrose kann sie kontrastreich mit roten Rosen oder harmonisch mit hellrosa und gelben Rosen kombiniert werden, für Nachbarstauden Pastelltöne wählen

Teehybride

'Erotica'
Höhe/Breite: 0,8 m/0,4 – 0,5 m
Blütezeit: Juni – September
Gehölz

▶ **intensive Farbe**

Blüten: samtig dunkelrot, stark duftend, groß (Ø bis 10 cm), gut gefüllt, einzeln an langen Stielen, wetterfest, öfterblühend; **Boden:** nahrhaft, lehmig; **Pflege:** im Frühjahr zum Austrieb Volldünger, gegen Sommerende Kalimagnesia-Dünger geben, vor dem ersten Frost anhäufeln und mit Reisig abdecken, im Frühjahr zurückschneiden; **Gestaltung:** als Beetrose am besten zusammen mit anderen Rosen oder als Blickpunkt zwischen niedrigeren Stauden und Ziergräsern, auch sehr gute Schnittblume

Gute Partner
Ehrenpreis, Hornkraut, Thymian

Experten-Tip
Die Blüte hält ausgesprochen lange an.

Gute Partner
Eisenhut, Immergrün, Lavendel, Salbei

Kletterpflanzen

Sie gehören nach Möglichkeit in jeden Garten. Kletterpflanzen brauchen nur wenig Platz, weil sie in die Höhe wachsen. Sie können schmücken, aparte Akzente setzen, aber auch unansehnliche Dinge verbergen.

Das klassische Einsatzgebiet für Kletterpflanzen ist die Hausbegrünung. Hier will aber einiges bedacht sein: Immergrüner Efeu bildet zwar sehr dichte Vorhänge, seine Haftwurzeln können jedoch durch Risse in die Wand eindringen und sie schädigen. Wenn Sie dieses Risiko ausschließen wollen, sollten Sie sich für Arten entscheiden, die keine Haftwurzeln ausbilden, sondern mit ihren Trieben an Kletterhilfen emporwachsen. Bringen Sie diese in etwa 10 cm Abstand von der Haus- oder Grundstücksmauer an. Wenn die Mauer dem Nachbarn gehört, sollten Sie vorher um Erlaubnis fragen.
Ansonsten können Sie alle hohen, baulichen Elemente Ihres Gartens mit Kletterpflanzen begrünen: Bögen und Spaliere, Lauben und Pergolen. Setzen Sie Kletterpflanzen nicht nur zum Überwuchern von unansehnlichen Anblicken ein, sondern durchaus auch ganz gezielt als gestalterisches Element (siehe Seite 158 und 168).

Die richtige Wahl
Während die einen Kletterpflanzen allein dank ihres Laubes attraktiv wirken, kommen andere erst in der Blütezeit richtig zur Geltung. Starkwüchsige Kletterpflanzen mit dichtem Blattwerk bieten guten Sichtschutz und sind vor allem für die Begrünung von Lauben und Pergolen geeignet, während viele üppigblühende Formen kein blickdichtes Laub haben. Sie gehören auf Bögen und Tore, Spaliere oder Säulen, die im Hintergrund von Beeten für Farbe in der Höhe sorgen. Sollten Sie einen alten Garten mit hohen, nicht zu dichtkronigen Bäumen besitzen, dann könnten Sie Kletterrosen, Waldreben oder Knöterich (sehr wüchsig!) daran hochklettern lassen. Das wirkt sehr natürlich und verleiht dem Garten viel Atmosphäre.

Blütenfülle auf kleinstem Raum können Kletterpflanzen bieten.

Grünes Kleid für Wände und Zäune

Strahlengriffel, Kiwi

Actinidia chinensis
Höhe/Breite: bis 10 m/bis 5 m
Blütezeit: Mai–Juni
sommergrüner Strauch

▶ **Schlinger, eßbare Früchte**

Blüten: weiß (Ø 3–5 cm), daraus reifen im November in geschützten Lagen eßbare, braun behaarte Früchte, wenn eine männliche und eine weibliche Pflanze gesetzt wurden; **Boden:** durchlässig, nicht trocken, sauer (pH 4–6); **Pflege:** braucht als Schlingpflanze eine Kletterhilfe, für einen guten Fruchtertrag werden die Seitentriebe im Winter zurückgeschnitten und im Sommer entspitzt sowie überzählige laufend entfernt; wenn die Pflanze nur zur Zierde gezogen wird, ist kein Schnitt nötig; **Gestaltung:** schön am Spalier oder der Pergola

Efeu

Hedera helix
Höhe/Breite: bis 20 m/bis 15 m
Blütezeit: September–Oktober
immergrüner Strauch

▶ **Selbstklimmer**

Blüten: nur an alten Pflanzen, unscheinbar, grüngelb, daraus bilden sich im nächsten Jahr giftige, schwarze Beeren; **Boden:** jeder normale, frische Gartenboden; **Pflege:** erste Triebe nach der Pflanzung hochbinden, danach klettert der Efeu mit seinen Haftwurzeln von allein, im Frühling organisch düngen, nötigenfalls zurückschneiden; **Gestaltung:** bei intaktem Putz die beste Wandbegrünung für Schattenflächen, auch als Bodendecker einsetzbar

Experten-Tip
Sorte:* *'Goldheart' (wüchsig, Blätter in der Mitte goldgelb)

Schlingknöterich

Fallopia aubertii
Höhe/Breite: bis 15 m/bis 10 m
Blütezeit: Juni–August
sommergrüner Strauch

▶ **starkwüchsiger Schlinger**

Blüten: weiß, in lockeren Rispen (Ø ca. 5–8 mm), stark duftend, daraus enstehen winzige geflügelte Samen, die vom Wind vertragen und in angrenzenden Räumen lästig werden können; **Boden:** feucht, sonst ausgesprochen anspruchslos; **Pflege:** stabile Kletterhilfe (kräftiger Spanndraht, Spalier) anbringen, vor allem bei Trockenheit und einem Standort unter dem Vordach reichlich gießen, nach Bedarf zurückschneiden; **Gestaltung:** schön an Wänden, Bögen, Pergolen, Gartenhäuschen, Zäunen

Gute Partner
Als Unterpflanzung ist die Gefleckte Taubnessel ideal.

Die hier vorgestellten Kletterpflanzen sind teils Selbstklimmer, teils brauchen sie Kletterhilfen. Alle bilden mit ihrem Laub einen dichten, grünen Pelz aus.

Kriechspindel

Euonymus fortunei

Höhe/Breite: bis 3 m/2 m

Blütezeit: Mai – Juni

immergrüner Strauch

▶ **Selbstklimmer**

Blüten: grünlichweiß, sehr selten, dann aber auch ab August 8 mm breite grünlich-rötliche, giftige Früchte; **Boden:** normale, frische Gartenböden; **Pflege:** nach der Pflanzung mulchen, bei Trockenheit reichlich gießen, möglichst nicht schneiden, störende Triebe können vorsichtig herausgenommen werden; **Gestaltung:** die Kriechspindel ist nicht nur ein guter Bodendecker, sie kann mit Haftwurzeln bis etwa 3 m hoch auch an allen nicht zu glatten Objekten emporklettern, kleinwüchsige Sorten eignen sich für Gefäßkultur

Pfeifenwinde

Aristolochia macrophylla

Höhe/Breite: 8 – 10 m/bis 8 m

Blütezeit: Juni – August

sommergrüner Strauch

▶ **großblättriger Schlinger**

Blüten: außen gelbgrüne, innen purpurbraune Kesselfallenblüten, die Fliegen anlocken, Früchte bilden sich in unserem Klima nicht; **Boden:** humos und frisch, darf nicht austrocknen; **Pflege:** im Frühjahr mit Kompost düngen, vor allem bei Trockenheit reichlich gießen, als Frostschutz mit Reisig abdecken; **Gestaltung:** die großen, herzförmigen, bis 30 cm langen Blätter geben einer offenen Gartenlaube ein beinahe tropisches Aussehen und stehen so dicht, daß neugierige Blicke abgewehrt werden

Wilder Wein

Parthenocissus-Arten

Höhe/Breite: bis 15 m/bis 10 m

Blütezeit: Juni – Juli

sommergrüner Strauch

▶ **Ranker, Selbstklimmer**

Blüten: unscheinbar, daraus bilden sich ab September 5 – 7 mm breite, blauschwarze Früchte; **Boden:** jeder nicht zu trockene Gartenboden; **Pflege:** im Frühling organisch düngen, *P. quinquefolia* klettert vorwiegend mit Wickelranken, ist dankbar für Rankgerüste und sollte anfangs aufgebunden werden, *P. tricuspidata* dagegen erklimmt mit Haftscheiben ohne Hilfe jede nicht zu glatte Oberfläche; **Gestaltung:** ideal für Fassaden und Mauern, leuchtend karminrote Herbstfärbung ab September bei ausreichend Sonne

EXPERTEN-TIP

Abgebildet ist die Sorte 'Emerald'n Gold' (hellgelbe Blattränder).

EXPERTEN-TIP

Abgebildet ist der fünfblättrige P. quinquefolia.

Überhängende Blütenkaskaden

Waldgeißblatt

Lonicera periclymenum
Höhe/Breite: 5 – 7 m/bis 3 m
Blütezeit: Mai – Juli
sommergrüner Strauch

▸ **raschwachsender Schlinger**

Blüten: langröhrig, je nach Sorte reinweiß und lilarot bis gelbweiß und purpur (4 – 4,5 cm lang), abends stark duftend, daraus bilden sich ab August giftige, dunkelrote Beeren (Ø 7 – 8 mm); **Boden:** jeder Gartenboden; **Pflege:** an robuste Kletterhilfe wie Spanndrähte, Gitter oder Holzgerüste pflanzen, mulchen und im Frühling organisch düngen, ältere Sträucher gelegentlich auslichten; **Gestaltung:** hübsch an Mauern, kräftigen Zäunen, Bögen und Pergolen, wächst auch an Gehölzen empor

Kletterhortensie

Hydrangea anomala ssp. *petiolaris*
Höhe/Breite: bis 10 m/bis 6 m
Blütezeit: Juni – Juli
sommergrüner Strauch

▸ **robuster Selbstklimmer**

Blüten: weiß (Ø 3 cm, in 15 – 20 cm breiten Schirmrispen), zart duftend; **Boden:** frisch bis feucht, tiefgründig, nährstoffreich, auch kalkhaltig; **Pflege:** Triebe von Jungpflanzen aufleiten, nach dem Anwachsen klettern sie mit Haftwurzeln an Wänden und auch an Gerüsten und Gehölzen, im Frühling düngen, möglichst nicht schneiden, im Sommer bei Trockenheit regelmäßig gießen; **Gestaltung:** als eine der wenigen schattenverträglichen, blühenden Kletterpflanzen gut geeignet zum Begrünen von nicht besonnten Bereichen

Winterjasmin

Jasminum nudiflorum
Höhe/Breite: bis 3 m/ca. 2 m
Blütezeit: Dezember – April
sommergrüner Strauch

▸ **Spreizklimmer**

Blüten: gelb, an der Außenseite oft rötlich (Ø ca. 2,5 cm), erscheinen noch vor den Blättern, nicht duftend; **Boden:** durchlässig, frisch, nährstoffreich, auch kalkhaltig; **Pflege:** braucht als dünntriebiger Spreizklimmer eine Kletterhilfe, am besten ein Spalier, auch im Winter bei frostfreiem Wetter gießen, dichtstehende Triebe auslichten, ältere zurückschneiden; **Gestaltung:** wächst an Wandspalieren, Lauben und Pergolen, die Zweige können auch malerisch über Stützmauern, Treppen oder Geländer herabhängen

Experten-Tip
Verwandter: Jelängerjelieber (L. caprifolium) gelb-weiß blühend

Gute Partner
Üppige Sommerblüher wie die Waldrebe

Üppig blühende Kletterpflanzen bieten zwar nur selten auch Sichtschutz, aber sie verwandeln Wände und Gerüste in ein überbordendes Blütenmeer.

Großblumige Clematis

Clematis-Hybride, Foto: 'Jackmannii'
Höhe/Breite: bis 3 m/bis 2 m
Blütezeit: Juli – August (Sep)
sommergrüner Strauch

▶ **großblütiger Schlinger**

Blüten: je nach Sorte weiß, rosa, karminrot, purpur, violett, himmel- bis dunkelblau bis purpurblau, auch zweifarbig oder gestreift (Ø 5 – 10 cm); **Boden:** frisch, humusreich, kalkhaltig; **Pflege:** im Frühling organisch düngen, gemäß den Bedürfnissen der Sorte regelmäßig zurückschneiden, bei Trockenheit durchdringend wässern; **Gestaltung:** ideal für Terrassenspalier, Pergola und Hauseingang, zusammen mit anderen, farblich abgestimmten Waldreben oder Kletterrosen, Fuß durch Bodendecker beschatten

Bergwaldrebe

Clematis montana, Foto: 'Rubens'
Höhe/Breite: bis 10 m/bis 5 m
Blütezeit: Mai – Juni
sommergrüner Strauch

▶ **reichblühender Schlinger**

Blüten: je nach Sorte weiß, rosa, bis lilarosa (Ø 2 – 6 cm); **Boden:** frisch, humusreich, durchlässig, kalkhaltig; **Pflege:** Jungpflanzen an Kletterhilfe aufleiten, geeignet sind Spanndrähte, Holzleisten oder Drahtgitter, bei Spätfrösten abdecken, im Frühling organisch düngen, bei längerer Trockenheit wässern, kein Schnitt nötig, zu dichte Triebe nach der Blüte herausschneiden; **Gestaltung:** diese Wildart ist ideal für naturnahe Gärten zum Begrünen von Durchgängen und Pergolen

Glyzine, Blauregen

Wisteria sinensis
Höhe/Breite: bis 15 m/bis 10 m
Blütezeit: April – Mai
sommergrüner Strauch

▶ **tauartig windender Schlinger**

Blüten: hellblau bis blauviolett, auch weiße Sorte (Ø 2,5 cm, in 15 – 30 cm langen Trauben); **Boden:** frisch, durchlässig, nährstoffreich, sauer bis neutral; **Pflege:** unbedingt kräftige Kletterhilfen wie starken Draht verwenden, im Frühling kalkfreien Dünger geben, Rückschnitt nach der Blüte empfehlenswert, bei Trockenheit durchdringend gießen; **Gestaltung:** schön an Pergolen, Bögen, Hausfassaden, aber nicht in die Nähe von Regenrohren oder Dachrinnen kommen lassen, die er zusammendrücken kann

EXPERTEN-TIP
Sorten: 'Dr. Ruppel' (weißrosa), 'Rouge Cardinal' (dunkelrot)

GUTE PARTNER
Der Goldregen mit seinen gelben Blütentrauben.

Garten gestalten

Garten gestalten

Mit Blumen malen

Das Ziel jeder Gestaltung ist ein Garten, der Sinne und Geist anspricht. Lassen Sie sich dabei ruhig von Ihrem Gespür leiten.

Wir alle verfügen über einen Sinn für das Schöne – wenn auch individuell sehr verschieden. Bei der Gestaltung kommt es darauf an, diesen Sinn zu aktivieren und den Garten wie ein Bild zu »malen«. Ein Künstler wird sich für ein Motiv entscheiden, den Bildaufbau komponieren und dann Farben einsetzen. Das gleiche gilt für die Gartengestaltung: Das »Motiv« ist die Art des Gartens, der Bildaufbau entspricht der Anordnung und Form der Flächen. Farben von Laub und Blüten bestimmen schließlich die Stimmung des Gartens. Bilder/Gärten können den Betrachter aufregen oder beruhigen, regen zum Nachdenken an, wirken fröhlich oder anregend. Gestalten Sie Ihren Garten als Ausdruck der Persönlichkeit, er soll typgerecht werden und Sie sich darin wohl fühlen.

Wie gehe ich vor?

Denken Sie daran: Ein Gartenarchitekt hat ein Studium hinter sich und leistet professionelle Arbeit. Erwarten Sie daher bei Ihrer Gartengestaltung nicht gleich zu Beginn den »großen Wurf«. Als Laie haben Sie auf alle Fälle den Vorteil, weniger an strenge, formale Regeln gebunden zu sein als ein Profi, daher kann Ihr Garten weitaus spontaner und lebendiger wirken.

- ▶ Planen Sie zunächst einmal ein einzelnes Beet. Wenn es gelingt, um so besser – wenn nicht, dann verändern Sie es so lange, bis Beetform, Farbzusammenspiel und Wuchsformen gut harmonieren.
- ▶ Setzen Sie größere, feste Bestandteile (Pergolen, Bögen, große Hecken als Teilungen) zunächst sparsam ein, leben Sie eine Zeitlang damit, und bauen Sie erst dann weitere Elemente ein.

Die Zeit arbeitet ohnehin für Sie, denn Gärten bekommen mit den Jahren mehr Charme: Bäume und Sträucher erreichen ihre Endgröße, die Beete haben sich etabliert, und nicht zuletzt werden Sie ein immer geschickterer Gärtner.

Selbst auf kleinstem Platz lassen sich eine Vielzahl grüner und blühender Pflanzen unterbringen.

Farben, Formen und Räume

Auf den folgenden Seiten finden Sie eine Einführung in die »Kunst« der Gartengestaltung. Dabei liegt der Schwerpunkt weniger darauf, Ihnen »fertige« Gärten vorzustellen – das wäre bei der Vielzahl unterschiedlichster Gartensituationen ein zum Scheitern verurteiltes Unterfangen –, als vielmehr auf dem Einsatz bestimmter Gestaltungselemente.

Farben

Den wohl unmittelbarsten Einfluß auf die Wirkung eines Gartens haben die verwendeten Farben. Farben drücken Stimmungen aus und müssen daher gezielt eingesetzt werden.
Für die Wirkung der Farben spielt auch der Standort eine ganz entscheidende Rolle.

▶ Helle Farben werden durch Sonnenschein noch betont, bringen allerdings auch Dunkelzonen zum Leuchten.

▶ Dunkle Farben wirken im Schatten stumpf, sie brauchen Sonnenlicht für ihre Entfaltung.

▶ Bauen Sie Beete stets um eine Grundfarbe bzw. eine kontrastreiche Kombination herum auf, und wählen Sie die übrigen Farben dazu passend. Orientieren Sie sich dazu am besten am Farbkreis.

▶ Komplementäre Farben (Gelb/Blau oder Rot/Grün) wirken kontrastreich.

▶ Lebhafte Farbdreiklänge ergeben Kombinationen aus Gelb, Rot und Blau.

▶ Ton-in-Ton gestaltete Beete können je nach Farbgruppe lebhaft (Gelb bis Orange) oder beruhigend (Blau bis Violett) wirken.

▶ Wärme vermitteln die Farben Gelb, Orange und Rot.

▶ Kühle Farben sind Blau, Türkis und Grün.

Formen

Beet- und Wuchsformen bilden Rahmen oder Hintergründe – sie präsentieren die Farben und rücken sie ins rechte Licht.
Für die Gestaltung unterscheidet man zwischen den Großformen, wie Rasen- und Beetflächen, und den Wuchsformen der Pflanzen.

Der Farbkreis

Im Farbkreis werden die Farben des Regenbogens zusammengestellt. Er hilft Ihnen dabei, Farben zu kombinieren.

▶ Quadratische, kreisförmige oder sechseckige Beete wirken ruhig und statisch.

▶ Die verwandten Rechteck- und Ovalformen sind neutral.

▶ Alle schrägen, geschwungenen oder schmalen Flächen bringen Bewegung in den Garten.

Eine gezielte Auswahl von Wuchsformen ist vor allem auch deswegen zu empfehlen, weil die meisten Stauden nur während weniger Wochen blühen, dann müssen Blätter und Wuchsformen wirken. Mit halbkugelförmigen, säulenförmigen oder grasartig gefächerten Pflanzen überbrücken Sie die restliche Zeit. Sie sorgen für Spannung und sind auf Schattenflächen oft das einzig mögliche Gestaltungswerkzeug.

Räume

Gärten, die sich dem Betrachter auf einen Blick erschließen, sind langweilig. Erst die Unterteilung des Gartens schafft Räume, die einschließen und ausschließen. Räume und Unterteilungen machen neugierig auf das, was sich dahinter verbirgt, und sorgen für Spannung. Dabei kommt es keinesfalls darauf an, die »Wände« der Räume kompakt in Form dichter Hecken oder Mauern zu gestalten.
Ein einzelner Strauch oder Baum, eine niedere, blühende Hecke, Durchgänge in Form von Bögen und Pergolen oder

Grün allein muß nicht langweilig sein, wenn verschiedene Wuchs- und Blattformen gekonnt kombiniert werden.

Rankgitter trennen und verbinden gleichzeitig.
Vor allem wenn der Garten durch einen äußeren Rahmen (Mauer, angrenzende Gebäude, hohe Hecke) abgeschlossen wird, sorgt eine Binnengliederung für räumliche Tiefe.

Farbe erzeugt Stimmung

Gelb	hell, leuchtend, warm, läßt benachbarte Farben dunkler erscheinen
Orange	Mischfarbe; kräftig, lebendig, warm
Rot	warm; helle Rottöne wirken pastellhaft, sanft; dunkle Rottöne beruhigen, lassen benachbarte Farben heller erscheinen
Violett	Mischfarbe; kühl
Blau	kühl, beruhigend, erweitert optisch das Beet
Grün	ruhig, vermittelnd, idealer Hintergrund
Weiß	neutral, vermittelnd, ideal vor dunklem Hintergrund oder im Schatten
Silber/Grau	neutral, vermittelnd, ideal in pastellfarbenen Kombinationen

Stimmungsvolle Blütenfarben

Kurzinformation

Komplementärfarben

Gelb-Blau:
Schafgarbe/Eisenhut (siehe Bild)
Narzissen/Krokus
Goldfelberich/Rittersporn

Rot-Grün:
Kardinalslobelien/Rhizinus (siehe Bild)
Feuersalbei/Frauenmantel (Laub)

Farbdreiklang

Gelb-Rot-Blau:
Sonnenhut/Ziertabak/Salbei (siehe Bild)
Steinkraut/Seifenkraut/Glockenblumen

Orange-Violett-Hellgrün:
Studentenblume/Lavendel/ blühender Frauenmantel

Lebhaft Ton-in-Ton

Gelb-Orange:
Sonnenhut/Studentenblume (siehe Bild)
Königskerze/Taglilie

Ruhig Ton-in-Ton

Rosa-Violett:
Salbei/Margerite/Storchschnabel/ Prachtspiere (siehe Bild)

Lila-Blau:
Teppichphlox/Hornveilchen
hohe Glockenblumen (Sorten)/ Rittersporn

Komplementärfarben

Komplementäre Farben stehen sich im Farbenkreis gegenüber. Solche Farbkombinationen wirken kontrast- und spannungsreich, da sich die Farben gegenseitig ergänzen und verstärken. Weiß, als dritte Farbe in Komplementärbeeten, mildert den Kontrast etwas ab. Die Gelb-Blau-Kombination (Bild oben) erzeugt eine hohe Spannung, während die Rot-Grün-Kombination (Bild unten) eher ruhige Assoziationen weckt.

Farbdreiklang

»Bunte« Beete zu gestalten, gehört zu den schwierigsten Aufgaben eines Gärtners. Sie überzeugen nur dann, wenn zur gleichen Zeit mindestens drei Blütenfarben (Farbdreiklang) sichtbar sind, wirken dann aber besonders fröhlich und lebhaft. Einen kräftigen Dreiklang erzielen Sie mit den Farben Gelb, Rot und Blau. Dreiklänge in Pastell (Orange, helles Violett, helles Grün) erzeugen eine luftig-leichte Stimmung. Grünes Laub und sparsam eingesetztes Weiß vermitteln.

Kontrastreich oder Ton-in-Ton – spannende Beete brauchen ein Farbthema, sonst gleiten sie in die Beliebigkeit ab.

Lebhaftes Beet Ton-in-Ton
Mit Beeten, die Ton-in-Ton (Farbverläufe) gehalten werden, erzeugt man einheitliche Stimmungen. Solche Beete schaut man gerne an, sie hellen auch trübe Sommertage durch ihre Farben auf. Farbverläufe wirken aber nur dann, wenn Sie sich auf eine einzige Grundfarbe beschränken (Gelb bis Orange; dunkles Orange bis Rot).

Ruhiges Beet Ton-in-Ton
Blautöne bis zum Violett wirken sehr beruhigend. Über ein solches Beet kann das Auge schweifen und die Seele Ruhe vor dem Streß des Arbeitsalltages finden. Rahmen Sie solche Beete durch beruhigende Grüntöne (Rasen, Hecken, Sträucher) als Trennung und Hintergrund ein. Weiß – möglichst in ähnlichen Blütenformen – vermittelt zwischen den unterschiedlichen Blautönen.

Silberbeet
Ein Beet wird gewöhnlich für die Zeit der Blüte geplant. Hier wurden silber- und graublättrige Pflanzen, die auch außerhalb der Blütezeit ihre Wirkung entfalten, mit weißen Blüten kombiniert.
Silber- und graublättrige Pflanzen werden nicht immer angeboten, vielleicht dauert es also etwas, bis Sie Ihr Silberbeet vollenden können. Behelfen Sie sich in der Zwischenzeit mit hellblauen, rosa- oder weißblühenden Pflanzen, die alle hervorragend mit Grau und Silber harmonieren.

EXPERTENTIP
Pastelltöne gehören in den Vordergrund.

QUERVERWEISE
Beet anlegen Seite 28/29
Pflanzenporträts Seite 78 – 145

Das Spiel mit den Formen

Kurzinformation

Schmale, hohe Stauden

Königskerze
Nachtkerze
Riesenlauch
Rittersporn
Steppenkerze

Säulenförmige Gehölze

Säuleneibe
Wacholder

Kugelige Pflanzen

beschnittener Buchsbaum
Frauenmantel
Funkien
Heiden
Lavendel
Storchschnabel

Fächerartige Pflanzen

Farne
Gräser
Taglilien

Das wellenhaft bewegte Beet
Wenn Sie erstmals ein Beet anlegen, sollten Sie die Pflanzen zunächst nach Blütenfarben zusammenstellen. Entscheiden Sie sich zunächst für polster- und horstartig wachsende Pflanzen von etwa gleicher Höhe, dann entsteht ein wie hier gezeigtes, wellenartiges Beet (rosafarbene Taglilien, rubinroter Kerzen-Knöterich, lilafarbener Rosenwaldmeister). Es atmet eine gewisse Strenge, wirkt aber auch außerhalb der Blühperiode sehr lebendig, denn das Auge blickt nicht auf eine ebene Fläche, sondern »wandert« über die Oberfläche.

Wellenbeet mit »Ausrufezeichen«
Weitaus lebhafter wirken wellenhafte Beete, wenn sie durch einzelne, schmal- und hochwachsende Stauden aufgelockert werden (hier durch die gelbblühende Steppenkerze inmitten von Iris und Katzenminze). Sie lenken den Blick in die Höhe und erzeugen eine gewisse Spannung. Bauen Sie den Kontrast über die abweichende Wuchsform und nicht über eine zusätzliche Farbe auf. Bei der Gestaltung solcher Beete kommt es nicht auf die absolute Höhe, sondern nur auf das Verhältnis der niederen zu den hohen Pflanzen an.

Wuchsformen sind für die Gestaltung im Garten genauso wichtig wie Farben, denn sie bilden das dauerhafte Rückgrat des Beetes.

Kontrast aus Form und Farbe
Unterschiedliche Wuchsformen werden durch Form und Farbe von Blättern noch betont. In dieser rein grünen Anpflanzung für den schattigen Bereich resultiert der Kontrast aus der kompakten, halbkugelförmigen Wuchsform der weißgerandeten Funkie, den wuchtigen lindgrünen Blättern des Schaublattes und den gefiederten, hellgrünen Farnwedeln. Gezielt eingesetzte, grasartige Blätter (z.B. Ziergräser, Taglilien), die fächerartig auseinanderstreben, passen hervorragend zu Polsterpflanzen. Während Polster Geschlossenheit suggerieren, »öffnen« Grasfächer das Beet.

Etwas Strenge schadet nichts
Gerade in kleinen Gärten hat der Formschnitt kleinblättriger Gehölze seine Berechtigung. Zwei paarweise aufgestellte, zu Kugeln beschnittene Buchsbäume, lenken den Blick alleeartig auf eine bestimmte Zone des Gartens. Auch in Bauerngärten (hier ein frühlingshaftes Arrangement) sorgen streng in Form geschnittene Buchsbaumsträucher für einen Kontrast zu den üppigen Formen und Farben der Beete.

Beet mit gemischten Formen
Lassen Sie in solchen Beeten Ihrer Phantasie freien Lauf: Hohe und niedrige, buschige und schmale, zarte und wuchtige Pflanzen sollten sich gegenseitig durchdringen und betonen. Dazu passen Blütenfarben, die nach dem Farbdreiklang zusammengestellt wurden. Achten Sie beim Aufstellen eines Pflanzplans jedoch sehr genau auf die Höhe und Abstände, damit die einzelnen Pflanzen sichtbar bleiben und stärkere nicht schwächere erdrücken.

EXPERTENTIP
Pflanzen Sie kleine Gehölze als Blickpunkt ins Beet.

QUERVERWEISE
Beet anlegen Seite 28/29
Farbgestaltung Seite 152/153

Beetformen

Kurzinformation

Halbinselartige Beete

Bogendurchmesser mindestens 150 cm

Ins Randbeet schwingende Rasenflächen

Bogendurchmesser mindestens 300 cm

Freie Beete

Fläche mindestens 2 – 3 m²

Hochbeete

Fläche mindestens 1 – 2 m²

Hochbeet-Einfassungen

Bohlenwände:
rustikal, harmonieren mit Bauerngartenpflanzen
Trockenmauern aus Natursteinen:
naturnaher Garten
Mauern aus frostfesten Ziegeln:
formal, streng; starker Kontrast zu üppiger Bepflanzung

Gerade Randbeete
Große Rasenflächen lassen einen kleinen Garten keineswegs großzügiger erscheinen. Eine homogene Grünfläche bietet dem Auge keinerlei Ruhepunkte, der Blick gleitet automatisch auf den Randbereich des Gartens. Gestalten Sie in solch einem Fall randliche Beete besonders abwechslungsreich. Auch ein einzelner, kleiner Baum oder größerer Strauch, der asymmetrisch in die Rasenfläche gesetzt wird, trägt zu einer abwechslungsreichen Gartenlandschaft bei.

Geschwungene Randbeete
Entscheiden Sie sich, wann immer es die Gartensituation zuläßt, für einen geschwungenen Beetabschluß. Ins Beet hineinschwingende Rasenflächen erzeugen Tiefe, während halbinselartig in den Rasen greifende Beetflächen dem Auge Halt bieten und den Garten gliedern.

Ein Beet anzulegen, ist aufwendig und prägt für Jahre das Bild des Gartens. Spielen Sie daher erst auf dem Papier einige Möglichkeiten durch.

Das freie Beet im Rasen

Setzen Sie in größeren Gärten oder bei weniger intensiv genutzten Rasenflächen ein Beet in den Rasen. Der grüne »Rahmen« läßt es besonders vorteilhaft zur Geltung kommen. In den Vordergrund gerückte, freie Beete mit pastellfarbenen Blüten sorgen für räumliche Tiefe im Garten. Achten Sie bei der Zusammenstellung der Pflanzen auf ein möglichst harmonisches, jedoch abwechslungsreiches Bild.

Hochbeete

In Hochbeeten werden Blüten besonders aufregend präsentiert: Lassen Sie Pflanzen kaskadenartig über die Ränder herabwuchern, oder gestalten Sie gestaffelte »Beete« als Teiche, in denen Wasser von Becken zu Becken fließt.

Da die Pflanzen auf relativ engem Raum eingeschlossen bleiben, sind Hochbeete sehr pflegeleicht.

Die Randbepflanzung des Beetes

Der Übergang zwischen Rasen und Beet verlangt besondere Aufmerksamkeit. Durch niedrige Pflanzen wird diese Grenzfläche fließend gestaltet, was leicht in Langeweile umschlagen kann. Plazieren Sie daher am Beetrand besser ab und zu eine etwas größere Staude, die über den Rasen wächst und den fließenden Übergang »bricht«. Noch eindrucksvoller wirkt es, den »äußeren Rahmen« (das Grün des Rasens) durch einen »inneren Rahmen« aus gleichartigen Randpflanzen zu verstärken.

EXPERTENTIP

Beschränken Sie sich auf eine Beetform.

QUERVERWEISE

Beet anlegen Seite 28/29

Beet gestalten Seite 162 – 167

Räume schaffen

Kurzinformation

Sichtschutz

Rankgitter (Wilder Wein)
Pergolen (Knöterich, Pfeifenwinde)
Laubengänge (Glyzine)
Hecken

Offene Trennungen

Rankgitter (Rosen, Waldreben)
Pergolen (Waldgeißblatt, Waldrebe, Rosen)
Laubengänge (Rosen, Waldreben, Winterjasmin)
Bögen und Tore (frei oder mit Bewuchs)

Blickpunkte

Pergolen (frei oder mit Bewuchs)
Laubengänge (Rosen, Waldreben, Glyzine)

Durchgänge

Bögen, Tore, Laubengänge (frei oder mit Bewuchs)

Terrasse mit Rankgitter
Mit einem Rankgitter schützen Sie Ihren Sitzplatz auf der Terrasse vor neugierigen Blicken. Plazieren Sie das Rankgitter möglichst so, daß es seine Funktion als Sichtschutz erfüllt und sonnige und schattige Zonen auf Ihrer Terrasse erzeugt.

Ein Rosenbogen als Raumteiler
Wir empfinden Tore unbewußt als verbindendes Element, ein einzelner Rosenbogen mitten auf einer Wiese wäre daher fehl am Platz. Als Durchgang ist er dagegen perfekt. Rosenbögen lenken den Blick durch die Bogenform auf einen bestimmten Bereich und sorgen mit ihren Blüten für einen herrlichen Blickpunkt.

Schaffen Sie auch in kleinen Gärten abgetrennte Bereiche, die sich erst nach und nach erschließen.

Laubengänge als Raumteiler

Laubengänge mit blühenden Kletterpflanzen bilden außerordentlich wirksame Raumteiler. Als architektonisches Element, das durch Blätter und Blüten noch betont wird, setzen sie starke Akzente und werten selbst den kleinsten Garten auf.
Planen Sie den Laubengang so ein, daß ein Durchblick vom Hauptsitzplatz aus möglich ist.
Da ein Laubengang die Blicke alleeartig auf eine bestimmte Stelle lenkt, sollten Sie diesen Blickpunkt durch eine besondere Pflanze, eine Bank oder eine Skulptur besonders betonen.

Begrünte Pergolen

Mit einer freistehenden Pergola schaffen Sie einen Blickpunkt und gewinnen bei ausreichender Größe (mindestens 3 x 4 m) einen zusätzlichen, schattigen Sitzplatz im Garten. Da Pergolen den dahinterliegenden Bereich von den Blicken abschirmen, bilden sie gleichzeitig perfekte Raumteiler.
Weitaus »transparenter« wirken einreihige Pergolen, die quer, längs oder schräg angeordnet werden – sie trennen, ohne den Blick zu verstellen.

Hecken als Raumteiler

Einen Teil der Gartenfläche vollständig mit einer Hecke abzutrennen, ist nur in größeren Gärten möglich. Gestalten Sie dann die Hecke aber als grünes Kunstwerk, als sogenannte »Teppichhecke«.
Eine Teppichhecke besteht aus immergrünen Anteilen (Eibe oder andere Koniferen) und Laubhölzern (Hainbuche, Buche oder rotblättrige Blutbuchen).
Brechen Sie das Trennende solcher Hecken mit Hilfe eines großzügigen Durchgangs wieder auf.
In kleineren Gärten wird eine Hecke in der Regel den Garten begrenzen und einen Sichtschutz nach außen bieten.

EXPERTENTIP
Verwenden Sie Bausätze für Pergolen und Bögen.

QUERVERWEISE
Sitzplätze Seite 178/179
Kletterpflanzen Seite 140 – 145

Gestaltungsvorschläge

Der letzte Schritt der Gartengestaltung besteht darin, das theoretische Konzept in die konkrete Gartensituation umzusetzen.

Viele berühmte Gärtner haben dicke Bände über Gartengestaltung geschrieben. Wir kennen antike, mittelalterliche, Renaissance- und Barockgärten. Aus neuerer Zeit sind Werke über alle Arten spezieller Gärten erschienen. Für den Anfänger ist dieser Wust an Informationen kaum zu überschauen. Es würde den Rahmen dieses Buches sprengen, erschöpfend auf alle möglichen Gartensituationen einzugehen. Dennoch gibt es in jedem Garten einige Grundelemente, mit denen sich auch der Neuling vertraut machen sollte.

Die Grundelemente eines Gartens
Neben dem Rasen, der in jeden Garten gehört, bestimmen vor allem Beete und Gehölze den Charakter eines Gartens.

- Jedes Beet muß standortgemäß geplant werden, denn Schatten oder Sonne, Nässe oder Trockenheit bestimmen die Pflanzenauswahl. Ein Sonnenbeet wird zum Beispiel ganz anders aussehen als ein Beet im Schatten. Werden Sie sich klar darüber, an welcher Stelle Sie Ihr Beet anlegen möchten, und erstellen Sie zunächst einen Pflanzplan.
- Die dritte Dimension des Gartens, die Höhe, wird durch Gehölze geprägt. Ob Sie einen oder mehrere Bäume, eine strauchbeetartige Hecke oder nur einen einzigen Strauch pflanzen möchten, ist eine sehr persönliche Entscheidung. Bedenken Sie jedoch, daß alle Gehölze im Lauf der Jahre an Größe zunehmen.
- Für Höhe sorgen aber auch begrünte Wände oder gebaute Konstruktionen wie Lauben oder Pergolen.
- Geschickt eingesetzt, sind Pflanzkübel eine elegante Möglichkeit, »fertige« Gärten nachträglich zu gestalten. Einzeln oder zu Gruppen zusammengestellt sorgen sie unmittelbar für Farbe.
- Kräuterspiralen stellen Bauerngärten »en miniature« dar. Sie sehen hübsch aus und versorgen die Küche mit frischen Würz- und Heilkräutern.
- Wege und Sitzplätze vervollständigen das Gartenbild.

In diesem Garten sind Rasen, Sitzplatz, Gartenteich und Haus gekonnt durch Pflanzen miteinander verbunden.

Gartengestaltung – Schritt für Schritt

Jeder gute Garten beginnt im Kopf. Je genauer Sie wissen, was Sie wo wollen, desto leichter können Sie Ihre Träume in die Praxis umsetzen.

Der Gartenplan

Während des Neubaus eines Hauses bleibt viel Zeit für den Bauherrn. Überbrücken Sie diese Zeit, indem Sie einen Gartenplan entwerfen. Nutzen Sie die Katasterkarte oder den Architektenplan Ihres Grundstücks als Planvorlage; hier ist die Position des Hauses bereits eingetragen.

▶ Vergrößern Sie die Gartenfläche auf etwa Din A4 Format (machen Sie reichlich Kopien oder benutzen Sie transparentes Zeichenpapier, das über den Grundplan gelegt wird).

▶ Gliedern Sie die Fläche zunächst grob nach der angestrebten Nutzung. Wie groß soll der Rasen werden? Planen Sie einen Zaun, eine schmale Schnitthecke oder ein breiteres Strauchbeet an der Grundstücksgrenze? Möchten Sie einen Sitzplatz, eine Pergola oder eine Gartenlaube errichten? Reicht die Gartengröße für einen separaten Nutz- oder Bauerngarten?

▶ Beziehen Sie Bäume und Bauten der Nachbarn, sowie Ausblicke in die Landschaft mit ein. Wenn Sie versuchen, diese Elemente auf der Fläche unterzubringen, scheidet sich rasch Mögliches von Unmöglichem.

Nun kommt der schwierigste Teil der Planung, die flächengenaue Übertragung der Grundelemente in den Gartenplan. Dabei können Sie entweder von festen Elementen ausgehen oder alles um ein Wegesystem planen.

Planung mit festen Elementen

Wenn Sie eine Laube, Pergola oder einen Sitzplatz errichten wollen, sollten Sie folgendermaßen vorgehen:

▶ Schneiden Sie die Fläche des entsprechenden Elementes maßstabsgerecht aus einem Stück Karton aus.

▶ Verschieben Sie diesen Grundriß so lange auf dem Plan hin und her, bis Sie eine überzeugende Lösung gefunden haben.

▶ Zeichnen Sie das Element endgültig in den Plan ein.

Gartenschmuck

Jeder Garten kann durch passenden Gartenschmuck – Skulpturen, Gefäße, Plastiken – noch verschönt werden.

▶ Ordnen Sie nun die übrigen Bestandteile des Gartens (Rasen, Beete, Wege, Wasserflächen) relativ zu dem/den von Ihnen festgelegten, feststehenden Element/en an.

Planung mit Wegesystem

Wege sind verbindende, linienhafte, gerade oder geschwungene Elemente, die jeden Teil des Gartens erschließen. Für die Planung ist es dabei unerheblich, ob Sie feste Plattenwege, Kieswege oder »nur« Rasenstücke als Wegesystem durch den Garten verwenden.

▶ Bedenken Sie jedoch, daß regelmäßig begangene Strecken stabil und rutschfest sein müssen.

▶ Gerade Wege wirken formaler und strenger als gebogene, geschwungene Wege.

▶ Besonders reizvoll erscheinen Wege, die teilweise dem Auge verborgen sind. Lassen Sie Wegbiegungen hinter großen Sträuchern oder Strauchbeeten verschwinden, oder führen Sie sie durch begrünte Laubengänge oder Bögen.

▶ Ordnen Sie die übrigen Gartenelemente dem Wegenetz zu.

▶ Achten Sie auf ein geschlossenes Bild: Natürlich geschwungene Wege brauchen eine Entsprechung in Form runder oder gebogener Beetbegrenzungen, während gerade Wege zwischen formaler gestalteten Beeten vorteilhafter zur Geltung kommen.

Solch ein kunstvoll gestalteter Garten erfordert eine geschickte Planung und viel Pflege.

Der Pflanzplan

Den Abschluß der Planung bildet die Bepflanzung von Beeten und gebauten Gartenstrukturen.

▶ Vergrößern Sie die nun festgelegten Beetflächen je nach Gartengröße frei oder mit einem Photokopierer auf mindestens 1:10 bis 1:20 (1 m = 10 cm bzw. 5 cm), damit Sie genügend Platz zum Eintragen der gewünschten Pflanzen haben.

▶ Bei den Pflanzenporträts ist jeweils die Endbreite der Pflanzen angegeben. Sie können sie mit einem Zirkel einfach auf das Papier übertragen (damit ergibt sich automatisch die Anzahl der benötigten Pflanzen).

▶ Berücksichtigen Sie vor allem bei Gehölzen die erreichbare Endhöhe und -breite.

▶ Spielen Sie auf dem Papier verschiedene Möglichkeiten durch.

Wie viele Pflanzen pro m²?

Hohe Stauden (100–200 cm)	2–5
Mittlere Stauden (50–90 cm)	5–9
Kleine Stauden (20–40 cm)	7–12
Bodendecker	10–15
Zwiebelgewächse	12–25

Expertentip

Transparentes Millimeterpapier ist ideal für die Planung.

Querverweise

Gartengestaltung Seite 148 – 179
Pflanzenporträts Seite 78 – 145

Sonneninsel im Rasenmeer

Kurzinformation

Werkzeug

Spaten oder Grabgabel
Pflanzschaufel

Material

Humus

Pflanzzeit

Herbst:
Zwiebeln und Knollen für die Frühjahrsblüte
Frühling:
Stauden (entfällt in den Folgejahren)
ab April:
Einjährige säen oder pflanzen (jedes Jahr neu)
ab Mai:
Dahlienknollen (jedes Jahr neu)

Zeitaufwand

3 – 4 Stunden für ca. 4 – 5 m²

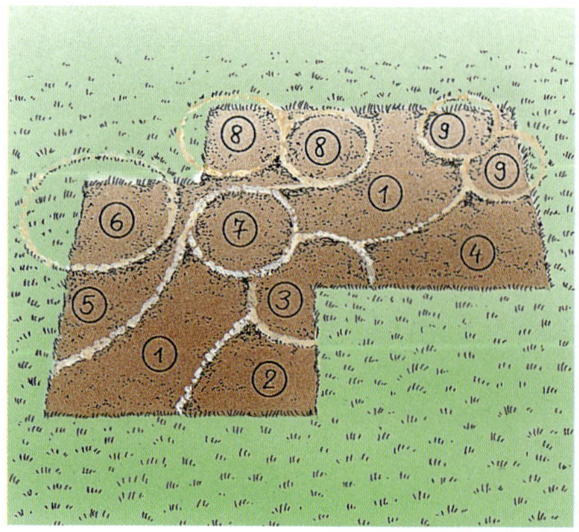

Planung, Vorbereitung, Pflanzplan
Das Beet wird im Rasen etwas entfernt vom Sitzplatz angelegt, da seine Farben wegen der hohen Signalwirkung auch aus der Entfernung wirken. Zeichnen Sie die Form des Beetes (Quadrat 150 x 150 cm + Rechteck 100 x 200 cm) maßstabsgerecht auf ein Blatt Millimeterpapier, und tragen Sie die gewünschten Pflanzen ein. Bereiten Sie das Beet für die Pflanzung vor, und streuen Sie die Pflanzflächen mit Sand ab.

Stauden pflanzen
Beginnen Sie mit dem Einpflanzen der hohen Stauden im Zentrum des Beetes. Versuchen Sie, das Beet sowenig wie möglich zu betreten, um den Boden nicht zu verfestigen (Brett unterlegen, siehe Zeichnung). Machen Sie nicht den Fehler, die Pflanzen zu dicht zu setzen – ein neu angelegtes Beet muß »leer« aussehen –, spätestens im Folgejahr füllen die wachsenden Stauden alle Lücken aus.

Dieses Beet strahlt in den heißen Farben des Sommers. Der grüne Rasenrahmen unterstreicht wirkungsvoll die Orange- und Gelbtöne.

Vordergrundbepflanzung

Nach den hohen kommen die niedrigen Stauden in die Erde. Die Einjährigen für den Vordergrund werden ab dem Frühling von vielen Gärtnereien als vorgezogene Pflanzen angeboten. Das ist zwar etwas teurer als die Aussaat, erspart aber Arbeit und Enttäuschungen. Sobald Sie jedoch im Laufe Ihres »Gartenlebens« etwas Erfahrung gesammelt haben, sollten Sie sich ruhig an die Aussaat wagen.

Das fertige Beet

Das nach dem Pflanzplan auf der gegenüberliegenden Seite angelegte Beet entfaltet seine Pracht von Juni bis September. Pflanzen Sie im Herbst des Vorjahres Knollen und Zwiebeln an die Stelle der Einjährigen, dann beginnt Ihr Beet schon im Frühling zu blühen. Der goldgelbe Sonnenhut (7) bildet das Zentrum, dahinter steht die etwas höhere Goldrute (8), deren lange Blütenstände einen guten Kontrast bilden. Die hohen, rotvioletten Lupinen (6) setzen mit Farbe und Größe einen auffallenden Blickpunkt. Im rechten Teil des Beetes sorgen zwei Taglilien (9) mit schmalen, grasartigen Blättern und großen Blüten für einen Akzent. Das Band aus Sonnenbraut (1), das sich diagonal durch das Beet zieht, dient als verbindendes und spannungserzeugendes Element. Davor bilden Einjährige (Gazanien, 2; Studentenblumen, 3; Zinnien, 4) den Übergang vom Grün des Rasens zum Beet, während die Mignon-Dahlien (5) zwischen Vordergrund und Lupinen vermitteln.
Die unterschiedlichen Wuchs- und Blattformen sorgen für ein abwechslungsreiches Bild.

EXPERTENTIP

Das Beet kann auch mit geschwungenen Rändern angelegt werden.

QUERVERWEISE

Beet anlegen Seite 28/29
Stauden pflanzen Seite 42/43

Ein Schattenbeet umgestalten

Kurzinformation

Werkzeug

Spaten oder Grabgabel
Pflanzschaufel

Material

Humus

Pflanzzeit

Gehölze:
Herbst oder Frühling
Stauden:
Frühling oder Spätsommer
Farne:
Frühling

Zeitaufwand

4 – 5 Stunden für ca. 6 – 7 m^2

Das vorhandene Beet
Dieses Beet liegt vor einer Mauer, die ab dem späten Vormittag Schatten spendet. Der panaschierte Spindelstrauch und je eine Gruppe von Astilben und Geißbart sind schattenverträglich, sie verbleiben im Beet.
Die Hasel verträgt zwar grundsätzlich auch etwas Schatten, wird aber leicht zu groß. Sie sollte, wie alle anderen Zierpflanzen und Unkräuter, entfernt werden. Gestalten Sie den vorhandenen Abschluß etwas »schwungvoller«, etwa in Form zweier großzügiger Bögen.

Mauerfläche gestalten
Bringen Sie zunächst ein Rankgerüst an der Mauer an (den Nachbarn fragen, wenn es sich nicht um Ihre Mauer handelt). Pflanzen Sie Efeu hinter dem Spindelstrauch, und binden Sie die ersten Triebe am Gitter fest (später klettert Efeu mit Saugwurzeln). Da der Spindelstrauch farbige Blätter hat, empfiehlt sich hier eine reingrüne Efeusorte (bei grünen Sträuchern entsprechend ein panaschierter Efeu). Die restliche Mauer (Rankgerüst anbringen!) wird mit Wildem Wein bepflanzt.

Dieser Vorschlag eines umgestalteten Schattenbeetes bezieht vorhandene Pflanzen mit ein, natürlich können Sie das Beet auch ganz neu anlegen.

Hintergrund bepflanzen

Farne vertragen Schatten und sehen während der gesamten Vegetationsperiode attraktiv aus. Achten Sie auf Variationen in Wuchshöhe, Blatt- und Wuchsformen.

Wurmfarn, Straußfarn und andere Farne mit hochaufragenden, überhängenden Wedeln gehören mehr nach hinten, kleinere Farne mit glatten Blättern (z. B. Hirschzungenfarn) nach vorn stellen.

Für dauerhaften Farbkontrast sorgen große, helle Feldsteine.

Vordergrund bepflanzen

Lockern Sie den Vordergrund des Beetes durch blühende, schattenvertragende Stauden und kleine Sträucher auf. Astilben mit farblich aufeinander abgestimmten Blüten sorgen für einen Farbfleck im Frühling. Als Alternative bietet sich ein kleiner Rhododendron an. Er behält im Unterschied zu den Astilben sein Laub auch im Winter, ist aber deutlich höher. Bergenien sowie zwei Funkien betonen den Vordergrund durch Blätter und Blüten.

Pflanzplan

1 Funkie (*Hosta*-Arten oder -Hybriden in Grün oder Grünweiß), zwei Pflanzen
2 Hirschzungenfarn (*Phyllitis scolopendrium*), etwa fünf Pflanzen
3 Wurmfarn (*Dryopteris filix-mas*), etwa fünf Pflanzen
4 Spindelstrauch (*Euonymus fortunei*, panaschierte, hohe Sorte), eine Pflanze
5 Efeu (*Hedera helix*, grüne Sorte), eine Pflanze
6 Wilder Wein (*Parthenocissus quinquefolia*), eine Pflanze
7 Geißbart (*Aruncus dioicus*), eine Pflanze
8 *Astilbe-Arendsii*-Hybriden, zwei Pflanzen
9 Riesensteinbrech (*Bergenia cordifolia*), ein bis zwei Pflanzen

Expertentip
Farne brauchen im Sommer reichlich Wasser.

Querverweise
Farne Seite 118/119

Begrünen

Kurzinformation

Pflanzen für die Begrünung

Obstbäume (Apfel, Birne) für sonnige Wände

Efeu für schattige Wände

Wilder Wein für Wände und Lauben

Waldrebe für Lauben und Rankgerüste

Kletterrosen für Lauben, Rankgerüste und sonnige Wände

Wicken, Bohnen oder Kapuzinerkresse für Maschendrahtzäune

Pflanzzeit für Klettergehölze

Herbst oder Frühling

Spalierobst
Spalierobst vor einer besonnten Mauer sieht attraktiv aus und versorgt Sie platzsparend mit Obst. Bei »formlosen« Spalieren werden alle Seitentriebe an der Mauer befestigt, nach vorn wachsende Äste entfernt.

Die begrünte Gartenlaube
Lauben müssen sehr solide mit starken Stützen und festen Trägern errichtet werden, denn Kletterpflanzen haben ein beträchtliches Gewicht. Imprägnierte Kanthölzer wirken strenger als rustikalere aus runden Naturhölzern. Plazieren Sie mit Blütenpflanzen begrünte Lauben als gut sichtbaren Blickpunkt im Garten. Durch eine alleeartige Bepflanzung des Vordergrundes (Bäume, Sträucher, zwei parellele Beete) lenken Sie die Blicke und schaffen räumliche Tiefe.

Planen Sie grüne Kletterpflanzen nicht in Form eintönig grüner Wände, sondern als belebendes Element ein.

Begrünte Mauern

Gehört die Mauer Ihrem Nachbarn, müssen Sie sich vor einer Begrünung mit ihm einigen. Eine Kombination aus immergrünem Efeu und laubabwerfendem Wilden Wein ist besonders dankbar. Wählen Sie eine panaschierte Efeusorte (grün-weiß, grüngelb), die das ganze Jahr über für Farbakzente sorgt. Die Stunde des Wilden Weins schlägt im Herbst, wenn sich seine Blätter wunderbar verfärben. Schneiden Sie im Herbst beide Arten zurück, damit keine die Überhand gewinnt.

Blühendes Rankgerüst

Rankgerüste mit blühenden Pflanzen schließen die Seiten einer Terrasse oder eines Sitzplatzes ab, bilden freistehende Blickpunkte oder werten ein tristes Gartenhaus mit ihren Farben auf. Experimentieren Sie mit Pflanzenkombinationen: Waldreben harmonieren wunderbar mit gleichzeitig blühenden Kletterrosen. Entfernen Sie regelmäßig die abgestorbenen Triebe der Waldrebe, damit die Rose nicht »erdrückt« wird. Auch ältere Bäume bilden sehr natürliche Hintergründe für Kletterrosen und Waldreben.

Grüne und blühende Zäune

Ein geeigneter Bewuchs wertet auch den langweiligsten Zaun auf. Hängen Sie leichte Blumenkästen an stabile Lattenzäune, und bepflanzen Sie sie mit herabhängenden Blumen. Oder säen Sie einjährige Kletterpflanzen vor einem Maschendrahtzaun aus (Angaben auf den Samentütchen beachten). Da Einjährige vergänglich sind, können Sie Jahr für Jahr neue Blütenkombinationen erproben. Sehr schön sind verschiedenfarbige Duftwicken oder Kapuzinerkresse.

Expertentip

Kletterpflanzen an Säulen oder Pyramiden schaffen Akzente.

Querverweise

Räume schaffen Seite 158/159
Kletterpflanzen Seite 140 – 145

Strauchbeete gestalten

Kurzinformation

Platzbedarf für Strauchbeete

Inselbeete mindestens 2 x 3 m
Raumteilerbeete 2 m tief
Offene Hecken 2 – 4 m tief

Blühende Sträucher

Kornelkirsche (Februar)
Korkenzieherhasel (März)
Forsythie (April)
Deutzie (Mai)
Rosen (Wildrose, Juni)
Holunder (Juli)
Spierstrauch (August)
Johanniskraut (September)

Fruchttragende Sträucher

Felsenbirne (Juli)
Waldrebe (Oktober–Dezember)
Pfaffenhütchen (August–Dezember, je nach Art)
Rosen (August–Dezember)
Eberesche (Oktober–November, je nach Art)
Schneebeere (September–November)

Die offene Hecke
Als Alternative für ein Strauchbeet können Sie in einem kleinen Garten eine mehrreihige, offene Hecke pflanzen. Schichten Sie an der Grundstücksgrenze einen flachen, ca. 50 cm hohen Erdwall auf. Er »hebt« die außen gepflanzten Sträucher etwas nach oben und verbessert den Sichtschutz. Wählen Sie rhythmisch in der Höhe variierende Sträucher, die in unterschiedlichem Abstand zum Zaun gepflanzt werden.

Rosenbeet mit Lavendel
Vor allem ältere Rosen neigen dazu, im unteren Bereich zu verkahlen. Decken Sie diese unschönen Stellen durch niedere Pflanzen ab. Eine dauerhafte Lösung stellt Lavendel dar. Sein graugrünes Laub und die lavendelblauen bis rosa Blüten harmonieren wunderschön mit weißen, gelben und rosafarbenen bis roten Rosen.

Je nachdem, ob Strauchbeete offen oder geschlossen bepflanzt werden, dienen sie als Schmuck oder mehr als Sichtschutz.

Strauchbeet als Raumteiler
Werden in den Rasen einschwingende Beete nicht mit Stauden, sondern mit mittelhohen Sträuchern bepflanzt, erhöht sich die Raumwirkung dieses trennenden Elementes beträchtlich. In kleineren Gärten wirkt schon ein einzelner, besonders attraktiver Strauch. In größeren Gärten pflanzen Sie besser drei bis fünf Sträucher, die in Höhe, Wuchsform und Blütezeit variieren sollten, um ganzjährig interessant zu bleiben.
Kombinieren Sie die Sträucher mit untergepflanzten, schattenverträglichen Stauden zu einem sommerlichen Bild.

Strauchbeet als Sichtschutz
Als Sichtschutz angelegte Pergolen und Rankgitter bilden kompakte, grüne »Wände«. Mit einem Strauchbeet bzw. einigen Sträuchern, die in einem Blumenbeet wachsen, können Sie dagegen ganz bestimmte Blickwinkel (z. B. die Terrasse oder das Fenster eines Nachbarn, vorbeiführende Wege) gezielt verstellen. So bleibt Ihre Terrasse »offen«, Sie können in Ihren Garten blicken und bewahren dennoch Privatsphäre.

Frühling im Strauchbeet
Bis sich im Frühling die ersten, zarten Blätter an den Sträuchern zeigen, muß man bei Strauchbeeten etwas Geduld haben. Überbrücken Sie diese Zeit mit Frühblühern, die zwischen und unter die Sträucher gesetzt werden (Zwiebeln, Knollen, Stauden). Frühjahrsblüher profitieren vom hohen Lichtangebot zwischen den kahlen Sträuchern. Sobald die Sträucher Blätter tragen und kaum mehr Licht bis auf den Boden durchdringt, haben sie ihre Vegetationsperiode abgeschlossen.

EXPERTENTIP
Ein Strauch ist oft wirkungsvoller als ein Baum.

QUERVERWEISE
Sträucher pflanzen Seite 46/47
Pflanzenporträts Sträucher 122 – 139

Mobile Gärten

Kurzinformation

Nicht winterharte Kübelpflanzen

Agave, Blumenrohr, Bougainvillee, Fuchsie, Mimose, Myrte, Neuseelandflachs, Oleander, Palmen, Zistrose

Kletterpflanzen für Kübel

Efeu (panaschierte Sorten), Jungfernrebe, Schönranke, Wein

Frühlingspflanzen für Kübel

Krokus, Primeln, Schneeglöckchen, Strahlenanemone, Träubelhyazinthen, Zwergiris, Zwergnarzissen, Zwergtulpen

Sommerpflanzen für Kübel

Begonien, Brachyscome, Feinstrahlastern, Fetthenne, Gauklerblumen, Geranien, Lewisia, Petunien, Sauerklee (farbige Blätter), Verbenen

Mediterrane Stimmung
Pflanzen aus dem Mittelmeerraum, z. B. Bougainvilleen, Zitrusgewächse, Kräuter wie Lavendel, Thymian und Oreganum, Agaven und Palmen, schaffen ein ganz besonderes Flair. Da sie die Fröste Mitteleuropas nicht vertragen, müssen sie im Winter ins Haus genommen werden. Ideal ist ein Wintergarten, doch eignet sich auch jeder kühle, helle Platz zum Überwintern.
Achten Sie bei der Auswahl der Töpfe auf angemessenes Material (z. B. Terracotta) im südlichen Stil.

Symmetrischer Eingangsschmuck
Der gepflasterte Eingangsbereich eines Hauses eignet sich nur selten für eine Bepflanzung. Hier schaffen Kübelpflanzen sehr wirkungsvolle Abhilfe. Symmetrisch, z. B. rechts und links der Tür, angeordnete Pflanzen unterstreichen einen geometrisch klaren Zuweg. Wählen Sie für nüchterne Türmaterialien (Stahl, Kunststoff) Kübel aus Metall oder lackiertem Holz. Zu rustikalen Eingängen passen besser Naturstein, Ton und unbehandeltes Holz.

Die Wirkung von Pflanzkübeln beruht zum einen auf den Pflanzen, zum andern auf den attraktiven Behältern.

Verspielte Eingänge

Scheuen Sie sich nicht, viele Kübel unterschiedlicher Größe mit buntgemischter Bepflanzung zu kombinieren. Solch üppige Fülle paßt wunderbar auf breite Treppen oder Absätze, neben Eingänge oder Durchlässe. Sobald eine Pflanze ihre beste Zeit hinter sich hat, wird sie gegen eine andere ausgetauscht.
Verwenden Sie aber nur Kübel oder Töpfe gleichen Stils, sonst entsteht kein geschlossenes Bild.

Kübel auf der Terrasse

Im Sommer, wenn man sich häufiger auf der Terrasse aufhält, wünscht man sich Blüten und Duft in seiner Nähe. Bepflanzen Sie Kästen und Kübel mit verschiedenen Pflanzen der Saison (preiswert in Gärtnereien angeboten). Schaffen Sie sich nach und nach Kübel in verschiedenen Stilen an, mit denen Sie je nach Stimmung mediterranes Flair, rustikalen Charme oder barocke Strenge auf die Terrasse zaubern können.

Blickfänge

Je ungewöhnlicher das Pflanzgefäß, desto stärker wird es die Blicke auf sich ziehen – am Ende eines Weges, im Fluchtpunkt eines Bogens. Gehen Sie auf Flohmärkten auf die Suche: alte Wasserbecken, kleine Fässer, Schubkarren, Küchensiebe aus Metall, Steintröge oder mit Lack bemalte Töpfe. Selbst ausgediente Gummistiefel können sich als Pflanzgefäß eignen.
Streben Sie bei ungewöhnlichen Pflanzgefäßen jedoch keine besonders auffällige Bepflanzung an. Wählen Sie vielmehr Pflanzen, die die Wirkung des Gefäßes unterstreichen.

EXPERTENTIP
Einfache Blumentöpfe sind oft die beste Wahl.

QUERVERWEISE
Kübel bepflanzen Seite 54/55
Pflanzenporträts Seite 82 – 145

Die Kräuterspirale

Kurzinformation

Alternative oder zusätzliche Pflanzen von innen nach außen

Thymian, Rosmarin, Bergbohnenkraut, Ysop, Fenchel, Liebstöckel, Beifuß, Wermut, Pimpinelle, Kerbel, Ringelblume, Melisse, Boretsch, Wasserminze

Werkzeug

Spaten
Schaufel
Pflanzschaufel
Maurerkelle (bei Mörtel)

Material

Natursteine oder frostfeste Ziegel (wirken strenger)
Teichbecken oder Folie
Schutt mit groben Steinen
Humus
Sand
Zement

Zeitaufwand

mehrere Tage

Die Vorbereitungen
Der Standort für die Kräuterspirale muß sonnig sein, da viele Gewürzpflanzen aus dem Mittelmeergebiet stammen.
Streuen Sie auf dem Boden einen Kreis mit Sand ab (Durchmesser ca. 3 m) – er bildet die äußere Begrenzung der Kräuterspirale.
Streuen Sie dann, im Osten beginnend, eine sich verengende Spirale aus, die im Westen endet. Beste Pflanzzeit ist der Frühling.

Steine aufschichten
Beginnen Sie mit dem Aufschichten der Steine für die Mauer (Trockenmauer oder vermörteln) im Zentrum der Spirale. Dort sollte sie etwa 75 – 100 cm hoch hoch sein und bis zum Rand hin (im Süden) kontinuierlich bis auf eine Steinhöhe hin abfallen.
Achten Sie auf eine stabile Bauweise, denn die Mauer muß den Druck der eingefüllten Erde aushalten.

In einer Kräuterspirale können Sie Küchenkräuter auf kleinstem Raum pflanzen – zudem bildet sie einen markanten Blickpunkt.

Schutt und Steine einfüllen

Füllen Sie das Zentrum der Spirale bis zu einer halben »Windung« mit einem Schutt-Steine-Gemisch auf, damit das Wasser später gut ablaufen kann. Darüber kommt eine etwa 20 – 30 cm tiefe Sand-Erde-Schicht.
Anschließend werden die äußeren Windungen der Spirale mit Erde aufgefüllt. Nach außen und unten zu darf die Erde ruhig etwas »fetter« werden. Schließen Sie die Kräuterspirale nach außen mit einer kleinen Wasserfläche ab.

Bepflanzen

Glätten Sie die Erdflächen mit einem Handrechen. Da sie von allen Seiten aus gut zugänglich ist, macht das Bepflanzen keine Schwierigkeiten. Beginnen Sie im Zentrum, und schreiten Sie nach außen hin fort.
In die Mitte kommen trockenresistente, mediterrane Pflanzen, weiter außen haben die feuchtebedürftigeren Arten ihren Platz. Scheuen Sie sich nicht, die Kräuterspirale durch zwischengepflanzte Blumen (hier eine Steingartenstaude und Kapuzinerkresse) aufzulockern. Immerhin soll sie nicht nur nützlich sein, sondern auch hübsch aussehen.

Pflanzplan

Eine mögliche Abfolge von außen nach innen (feuchter bis trocken) wäre:
Brunnenkresse (1, direkt am Wasser)
Sauerampfer (2)
Minze (3)
Schnittlauch (4)
Knoblauch (5)
Kapuzinerkresse (6)
Dill (7)
Petersilie (8)
Estragon (9)
Lavendel (10)
Majoran (11)
Steingartenstaude (12)
Salbei (13)

Expertentip
Setzen Sie Pflanzen in die Zwischenräume der Trockenmauer.

Querverweise
Stauden pflanzen Seite 42/43

Wege im Garten

Kurzinformation

Weguntergrund

**Wegbreite 50 – 80 cm;
15 – 25 cm (je nach Steindicke) eintiefen, darauf etwa 10 cm Schotter + 2,5 cm Sand + Wegebelag**

Wegematerial

Rindenmulch:
sehr einfach anzulegen (bei wenig begangenen Wegen sogar ohne Untergrund), sehr preiswert

Kieswege:
einfach zu bauen, preiswert

Einzelplatten:
einfach zu verlegen, wegen der geringen Menge relativ preiswert

Ziegel:
relativ einfach zu verlegen (Magerbeton), mittlerer Preis

Natursteinplatten:
für Ungeübte schwer zu verlegen (Magerbeton, Zuschnitt), teuer

Gewundener Kiesweg

Kieswege stellen einen guten Kompromiß zwischen formaler Strenge und Natürlichkeit dar. Vor allem gewundene Kieswege wirken besonders naturnah.

Kieswege lassen sich gut pflegen (Harken), werden im Lauf der Jahre aber etwas unansehnlich. Wechseln Sie dann die oberste Kieselschicht aus. Sichern Sie bei der Anlage von Kieswegen auf alle Fälle die Seiten, sonst treten Sie die Kiesel ins Beet oder in die Wiese.

Kies gibt es inzwischen nicht nur in den verschiedensten Körnungen, er wird auch in den Farben Grau, Weiß und Rot angeboten.

Natursteinplatten

Wege aus Natursteinplatten sind die beste aller Möglichkeiten. Sie fügen sich hervorragend in jede Art von Gartenlandschaft ein, sind gut begehbar und stabil. Allerdings sind Natursteine sehr teuer und schwierig zu verlegen. Sie werden nicht in genormter Größe ausgeliefert und müssen je nach Bedarf zurechtgeschnitten werden (Wegkrümmungen!). Wenn das Budget in den ersten Jahren nach dem Hausbau schmal ist, verschieben Sie die Anlage von Natursteinwegen besser auf später.

Wählen Sie das Material der Wege in Ihrem Garten nach der Belastung des Weges, aber auch nach dem Stil des Gartens aus.

Rindenmulchweg
Rindenmulch ist ein vergängliches Material, das keinen größeren Belastungen standhält. Dafür kann man mit Mulch aber unvergleichlich natürliche Wege anlegen, die fast an einen Wald erinnern – er paßt daher nur in einen naturnahen Garten.

Trittplatten
Wird eine Wegstrecke nicht stark genutzt, sind Trittplatten gut geeignet. Sie fügen sich in den Rasen ein und sind dennoch praktisch.
Achten Sie jedoch darauf, die Platten nicht entlang einer schnurgeraden Linie zu verlegen.

Ornamentale Wege
Mit einer Kombination aus verschiedenen Wegmaterialien (hier Holzbohlen und Pflastersteine) oder dem Verlegen in Mustern lassen sich sehr schöne ornamentale Wege erzeugen. So wird der Belag selbst zu einem kunstvollen Bestandteil der Gartenkomposition. Beschränken Sie sich mit auffälligen oder besonders kunstvollen Mustern aber auf markante Stellen wie Verzweigungen, Sitzplätze oder Wegbiegungen, sonst lenken Sie zu sehr von den Pflanzen ab.

Gerade Wege
Gerade Wege, gleich aus welchem Material, lenken den Blick sehr stark auf einen bestimmten Punkt. Daher sollten Sie nur dann gerade Wege anlegen, wenn Sie gleichzeitig für einen Blickpunkt sorgen. Das kann ein besonders schönes Beet, ein Durchgang, ein Brunnen, eine Skulptur, eine Pflanzschale, ein Strauch oder Baum oder eine Laube sein. Durch eine symmetrisch angelegte Bepflanzung rechts und links des Weges (z.B. zwei Rosenbüsche, Säuleneiben, beschnittene Buchsbäume) wird dieser Effekt noch gesteigert.

EXPERTENTIP
Bei Ziegeln auf frostfestes Material achten.

QUERVERWEISE
Gartenformen Seite 12/13
Kleine Sträucher Seite 128/129

Sitzplätze im Garten

Kurzinformation

Ansprüche an den Sitzplatz

Tägliche Nutzung:
versenkter Sitzplatz, Pergola
Wochenendnutzung:
Sitzplatz im Rasen,
Sitzplatz in einer Laube
Gelegentliche Nutzung:
Sitzplatz im Rasen
Vorwiegend dekoratives Element:
einzelne Sitzbank

Platzbedarf (mindestens)

Einzelner Stuhl:
1 x 1 m
Einzelne Bank:
1 x 2(3) m
Laubenbank:
2 x 3(4) m
Pergola:
3 x 3 m
versenkter Sitzplatz:
3 x 3 m bzw. 3,5 m
im Durchmesser
runder Tisch mit 4 Stühlen:
3 – 3,5 m im Durchmesser
rechteckiger Tisch mit 4 Stühlen:
3 x 2,5 m

Sitzplatz im Rasen
Wer einen solchen Sitzplatz schätzt, kann natürlich sehr flexibel reagieren. Sofern der Rasen nicht dauerhaft stark belastet wird, verträgt er einen gelegentlichen Kaffeeklatsch ohne Probleme.
Achten Sie jedoch darauf, Stühle und Tische regelmäßig etwas umzustellen, damit keine tiefen Dellen entstehen. Entscheiden Sie sich für helle, zierliche Sitzmöbel.

Versenkter Sitzplatz
Einen versenkten Sitzplatz sollte nur jemand anlegen, der sich mit Arbeiten dieser Art auskennt (Ausschachten, Platten verlegen, Mauern), ansonsten beauftragen Sie besser einen Fachmann.
Schmücken Sie die randlichen Mauern mit Blumentöpfen und -kübeln.

Dauerhaft angelegte Sitzplätze werden sehr strapaziert und müssen unbedingt fachmännisch angelegt werden.

Einzelne Sitzbank
Da einzelne Bänke oft vor allem als dekoratives Element eingesetzt werden, lohnt sich eine sorgfältige Auswahl. Reizvoll, aber nicht billig, sind gußeiserne Bänke, die auffallend (weiß, türkis oder hellblau) oder dezent (dunkelgrün oder schwarz) gestrichen werden können.

Offene Pergola
Neben dem rein funktionalen Aspekt kommt bei einer Pergola noch die Raumwirkung hinzu. Nicht nur von der Pergola aus muß der Blick lohnend sein, die Konstruktion sollte auch aus der Entfernung hübsch aussehen.

Bank in einer Laube
Solche Sitzplätze laden zum Verweilen ein. Hier kann man lesen, ein gutes Gespräch führen oder einfach nur sitzen, in den Garten schauen und nachdenken.
Stellen Sie besondere Ansprüche an die Bank. Sie sollte gut aussehen und gleichzeitig bequem sein.
Holzbänke fügen sich zwanglos in eine Laube ein, sie müssen aber regelmäßig mit einem Schutzmittel gestrichen werden und gehören im Winter ins Trockene.

Sitzplatz am Teich
Dieser Sitzplatz dürfte an heißen Tagen zum Treffpunkt der Familie werden. Lichtspiele auf der Wasseroberfläche, die bewegten Konturen der Wasser- und wassernahen Pflanzen machen einen Aufenthalt neben dem Teich zum reinen Vergnügen.
Lassen Sie einen solchen Sitzplatz – möglichst zusammen mit dem Teich – von einem Fachmann anlegen, damit der Druck nicht die Wände des Teichbeckens belastet.
Zum kurzen Ausruhen eignen sich größere Steine oder Stammstücke, die an passender Stelle am Uferrand ihren Platz finden können.

Expertentip
Ehemalige Spielflächen eignen sich zum Einrichten eines Sitzplatzes.

Querverweise
Räume schaffen Seite 158/159
Kletterpflanzen Seite 140–145

Erklärung der Fachausdrücke

Einige der im Text genannten Fachausdrücke sind nicht jedermann geläufig und werden daher hier erklärt.

Auge: In den Blattachseln von Stauden, Sträuchern und Bäumen sitzen kleine, »schlafende« Knospen, die Augen. Daraus treiben Seitenzweige aus.

Ballen: Von Erde umgebenes Wurzelwerk einer Pflanze.

Baum: Gehölz mit einem Hauptstamm, von dem aus sich die Seitentriebe ausbreiten.

Beete: Offene Fläche, die mit Blumen oder Sträuchern bepflanzt ist. Ein Beet sollte mindestens 1,5 m breit sein, damit mit Wuchsformen und Farben gespielt und kombiniert werden kann. Strauchbeete benötigen noch mehr Platz, damit sich die Sträucher allseitig ausbreiten können und damit gut zur Geltung kommen.

Blühperiode: Die Phase im Leben einer Pflanze, in der natürlicherweise die Blüten ausgebildet werden. Schneidet man Verblühtes regelmäßig ab, kommt es häufig zu einer zweiten Blühperiode.

Blutmehl: Organischer Dünger aus Tierblut; enthält sehr viel Stickstoff.

Container: Kunststoffbehälter für Stauden, Sträucher und Bäume. Containerpflanzen können ganzjährig gepflanzt werden.

Cottage-Garden-Beet: Üppig buntes Beet mit Einjährigen, Stauden, Gewürz- und Heilpflanzen im Stil von Bauerngärten. Geeignet für sehr kleine Gärten.

Dünger, mineralischer: Industriell hergestellter Dünger, der alle (Volldünger) oder bestimmte Mineralien (Spezialdünger) enthält. Er gibt seine Nährstoffe rasch und gezielt an den Boden ab; wird meist in Form von Körnchen angeboten. Mineralischer Dünger wirkt meist schneller als organischer und ist oft auch billiger.

Dünger, organischer: Natürlich entstandener Dünger wie Mist, Blutmehl, Knochenmehl oder Hornspäne. Er gibt seine Nährstoffe langsam an den Boden ab.

Einjährige: Pflanzen, die innerhalb eines Jahres aus dem Samen austreiben, Blüten und Samen bilden und danach absterben, d. h. sie gehen jedes Jahr neu aus Samen hervor. Hierzu zählen vor allem Sommerblumen, z. B. Löwenmaul, Duftsteinrich, Wicken, Kapuzinerkresse, Kornblume, Ringelblume, Malven, Fleißiges Lieschen, Ziertabak.

Gehölze: Pflanzen mit verholzten Stämmen und Zweigen (Bäume und Sträucher).

Gründünger: Pflanzen, die zur Bodenverbesserung auf einer freien Fläche ausgesät werden. Sie verhindern die Austrocknung des Bodens und unterdrücken Unkräuter (siehe Leguminosen).

Haupttrieb: Stärkster Trieb einer Pflanze, von dem seitliche Triebe abzweigen. Siehe Seitentrieb.

Hornmehl, Hornspäne: Aus Rinderhorn hergestellter organischer Dünger mit hohem Stickstoff- und Phosphorgehalt. Das feine Hornmehl gibt seine Nährstoffe schneller ab als die gröberen Hornspäne.

Humus: Nährstoffreiche obere Bodenschicht, die aus verrottetem organischem Material entsteht (siehe Kompost).

Knochenmehl: Aus Tierknochen hergestellter organischer Dünger mit hohem Phosphorgehalt.

Knolle: Unterirdisches Speicherorgan von Stauden, das aus Sprossen oder Wurzeln entsteht. Knollen (z.B. Dahlien) werden wie Zwiebeln verwendet und je nach Blühzeit entweder im Frühjahr (Dahlien, Gladiolen) oder im Herbst (Alpenveilchen) gesetzt.

Knospe: Vor dem Austrieb sind Blätter, Blüten oder Seitentriebe von Hüllblättern umgeben. In diesem Stadium werden sie als Knospe bezeichnet.

Kompost: Humusartige Erde, die bei der Kompostierung organischer Abfälle entsteht; nährstoffreiche Beetauflage.

Koniferen: Meist immergrüne Gehölze, deren Blätter als Nadeln ausgebildet sind. Bekannte Vertreter dieser Gehölzgruppe sind Tanne, Fichte, Wacholder, Thuja, Zypresse und Kiefer. Koniferen sorgen für ganzjähriges Grün im Garten.

Laube: Offenes Gartengebäude mit durchbrochenen Seitenwänden; meist mit grünen oder blühenden, rankenden Pflanzen bewachsen.

Laubengang: Offener Durchgang mit bogenförmigem oder geradem, oberem Abschluß; meist mit grünen oder blühenden, rankenden Pflanzen bewachsen.

Leguminosen: Pflanzengruppe (Hülsenfrüchtler), deren Mitglieder in Symbiose mit Bodenbakterien (Knöllchenbakterien) leben. Sie können den Stickstoff der Luft in organisch gebundenen Stickstoff überführen; guter Gründünger. Hierzu gehören beispielsweise Bohnen, Erbsen, Wicken, alle Klee-Arten, Lupinen und Platterbsen.

Mulch: Deckschicht für Beete und freie Erdflächen; Mulch hält Bodenfeuchtigkeit zurück und unterdrückt Unkräuter. Als Mulchmaterial dient Rasenschnitt, Laub, zerkleinerte Baumrinde und Zweige.

Nährstoffe: Bodenmineralien, die für das Wachstum der Pflanzen erforderlich sind.

Nutzpflanzen: Gemüse, Salate, Gewürze und Heilpflanzen, auch Obstgehölze, unentbehrlich im Bauerngarten.

Pergola: Offene Balkenkonstruktion ohne Seitenteile, z.B. über einer Terrasse oder einem Sitzplatz; häufig bewachsen.

pH-Wert: Gibt den Säuregrad des Bodens an. Böden mit pH um 7 sind neutral, kleinere Werte kennzeichnen saure (z.B. torfige Böden), höhere Werte basische (z.B. Kalkböden) Böden.

Rabatte: Besondere Form des Staudenbeetes. Meist entlang von Wegen oder Mauern und Zäunen.

QUERVERWEISE
Düngen Seite 22/23
Kompostieren Seite 32/33

Rotte: Die Zersetzung organischer Abfälle mit Hilfe von Bodenorganismen wird als Rotte bezeichnet.

Seitentrieb: Aus den Knospen des Haupttriebes entwickeln sich je nach Art unterschiedlich verzweigte Seitentriebe. In der Regel tragen sie die Blüten.

Stauden: Blühende, mehrjährige Pflanze, deren oberirdische Teile im Winter absterben. Hierzu gehören z. B. Katzenminze, Salbei, Rittersporn, Pfingstrose, Lupine, Goldgarbe, Sonnenhut, Phlox, Glockenblume, Eisenhut, Herbstaster.

Staunässe: In Senken oder Böden mit tiefer liegenden, tonigen Schichten kann das Regenwasser nicht abfließen und verbleibt zwischen den Bodenteilchen – Staunässe ist die Folge.

Strauch: Gehölz mit mehreren Haupttrieben, die sich zu Seitentrieben verzweigen, z. B. Forsythie, Hasel, Zierquitte, Pfaffenhütchen, Weigelie, Flieder, Rhododendron.

Strauchbeete: Beete, die mit Sträuchern bepflanzt sind. In die Zwischenräume passen im Frühling Zwiebelpflanzen, im Sommer Schattenstauden.

Trockenmauer: Aus Natursteinen, ohne Mörtel aufgeschichtete, niedere Mauer. In erdgefüllte Zwischenräume pflanzt man trockenliebende Stauden oder Gewürze, z. B. Thymian, Salbei, Hauswurz, Fetthenne.

Verblühtes: Sobald die Blütenblätter verwelken, setzt der nährstoffzehrende Prozeß der Samen- und Fruchtbildung ein. Wird Verblühtes regelmäßig entfernt, »investiert« die Pflanze meist in eine neue Blüte.

Veredelung: Vor allem Rosen und Obstgehölze werden als veredelte Formen angeboten. Dabei pfropft der Gärtner den Zweig einer Zuchtsorte (Edelreis) auf eine robuste Unterlage (Wurzelstock oder Stamm einer Wildform). Edelreis und Unterlage wachsen dauerhaft zusammen.

Vertikutieren: Mit hand- oder motorgetriebenen Geräten wird die Grasnarbe senkrecht eingeschnitten. Damit wird verfilzter Rasen entfernt und der Wasserabfluß verbessert.

Wedel: Blätter von Farnen.

Wildtriebe: Bei veredelten Gehölzen treiben manchmal aus der Pfropfunterlage sogenannte Wildtriebe aus. Sie müssen entfernt werden.

Zweijährige: Pflanzen, die im ersten Jahr aus dem Samen austreiben, Blüten und Samen aber erst im Folgejahr bilden. Hierzu zählen z. B. Stockrosen, Gänseblümchen, Bartnelken, Goldlack, Vergißmeinnicht, Fingerhut, Mondviole, verschiedene Distel-Arten.

Zwiebel: Speicherorgan aus fleischigen Blättern, die einen ruhenden Sproß umgeben. Nach der Blüte bilden die grünen Blätter neue Nährstoffvorräte für das Folgejahr aus. Zwiebelpflanzen werden je nach Blühzeit im Frühjahr oder Herbst gesetzt. Bekannte Zwiebelpflanzen sind Tulpen, Hyazinthen, Krokusse und Narzissen.

Hilfreiche Adressen

Hilfe und Anregungen bei allen gärtnerischen Problemen bieten Organisationen und Verbände, Zeitschriften und Bücher. Legen Sie bei schriftlichen Anfragen stets einen frankierten Rückumschlag bei.

Bodenuntersuchungen
Auskunft über Institutionen in Ihrer Nähe erteilt:
Verband Deutscher Landwirtschaftlicher Untersuchungs- und Forschungsanstalten (VDLUFA)
Bismarckstraße 41 A
64293 Darmstadt

Pflanzenschutz
Biologische Bundesanstalt für Land- und Forstwirtschaft
Königin-Luise-Straße 19
14195 Berlin

Biologische Bundesanstalt für Land- und Forstwirtschaft
Messeweg 11/12
38104 Braunschweig

Bundesamt für Landwirtschaft, Sektion Zertifizierung und Pflanzenschutz
Mattenhofstraße 5
CH-3003 Bern

Bundesamt und Forschungszentrum für Landwirtschaft
Spargelfeldstraße 191
A-1226 Wien

Verbände
Bund deutscher Baumschulen e.V. (BdB)
Bismarckstraße 49
25421 Pinneberg

Bund deutscher Staudengärtner im ZVG e.V.
Godesberger Allee 142–148
53175 Bonn

Deutsche Gartenbaugesellschaft 1822 e.V.
Webersteig 3
78462 Konstanz

Österreichische Gartenbaugesellschaft
Parkring 12
A-1010 Wien

Verband Deutscher Gartencenter
Borsigallee 10
53125 Bonn

Versand von Pflanzen
(Auswahl; ausführlichere Angaben finden Sie im Anzeigenteil der meisten Gartenzeitschriften)

Bakker GmbH
22926 Ahrensburg

Baldur Garten GmbH
Elbinger Str. 12
64625 Bensheim

Dehner Garten-Center
86641 Rain am Lech

Dehner Garten-Center
Hirschstettner Straße 62
A-1220 Wien

Rosen Jensen GmbH
Am Schloßpark 2b
24960 Glücksburg

Klee Garten-Center
Stolberger Straße 90
50933 Köln

Gärtner Pötschke
41561 Kaarst

Naturgarten e. V.
Kernerstr. 64
74076 Heilbronn

Weiterführende Literatur

Weiterführende Literatur
Auswahl spezieller Literatur zu bestimmten Pflanzengruppen, allgemeiner Gartenpflege und Gartengestaltung

Bärtels: *Gartengehölze*. Ulmer Verlag, Stuttgart

Dirr: *Bäume und Sträucher für den Garten*. Ulmer Verlag, Stuttgart

Hensel: *Noch mehr Gartenspaß*. Gräfe und Unzer Verlag, München.

Hertle/Kiermeier/Nickig: *Gartenblumen*. Gräfe und Unzer Verlag, München

Kawollek: *Kübelpflanzen*. Eugen Ulmer Verlag, Stuttgart

Mayer/Strauß: *Balkon- und Kübelpflanzen für Einsteiger*. Gräfe und Unzer Verlag, München

Menzel: *Das Kletterpflanzenbuch*. Ulmer Verlag, Stuttgart

Ott: *Handbuch Garten*. BLV Verlag, München

Rau: *Rosen schnell und einfach*. Gräfe und Unzer Verlag, München

Simon: *Gärten gestalten*. Gräfe und Unzer Verlag, München

Simon/Becker/Nickig: *Das große GU Gartenbuch*. Gräfe und Unzer Verlag, München

Zeitschriften

FLORA
Gruner+Jahr AG & Co.
Postfach 11 00 11
20444 Hamburg

Garten-Haus
Zeitschrift der Österreichischen Gartenbaugesellschaft
Parkring 12
A-1010 Wien

GARTENPRAXIS
Eugen Ulmer Verlag
Postfach 70 05 61
70574 Stuttgart

Garten Zeitung
Deutscher Bauernverlag GmbH
Wilhelmsaue 36
10713 Berlin

Kraut & Rüben
Deutscher Landwirtschaftsverlag GmbH
Lothstraße 29
80797 München

mein schöner Garten
Burda Senator Verlag
Postfach 1520
77605 Offenburg

Schweizer Garten
Zeitschrift der deutsch-schweizerischen Gartenbauvereine
Bahnhofplatz 1
CH-3110 Münsingen

Arten- und Sachregister

Auf den mit * gekennzeichneten Seiten finden Sie eine ausführliche Beschreibung der jeweiligen Pflanze.
Die halbfett gesetzten Seitenzahlen verweisen auf Farbfotos und Farbzeichnungen.

Die Fotografen

Baumjohann: Seite 48 o.re., 49 li.o., li.u.; Becker: Seite 4/5, 10/11, 56/57, 76 mi.o., 89, 96 mi., 99 mi., 102 li., 109 li., 119 re., 124, 125 re., 127 re., 129 li., 137, 138 li., 139, 151, 152 re., 153 li., mi., 169 re., 173 mi., 178 re.o., u., 179 li.u., mi.; Borkowski: Seite 81; Borstell: Seite U1, 6 re., 7 u.li., u.re., 8/9, 12, 14, 20/21, 31, 34/35, 44 u., 48 u., 76 u., 77 mi.o., mi.u., u., 78/79, 106/107, 114/115, 122/123, 129 mi., 134/135, 140/141, 146/147, 152 li.u., 155 li., 156, 164, 170 o.li., u., 171 re., 172 li., 173 li., re.u., 177 li.o., re., U4; Gardena: Seite 62 o.li.; Henseler: Seite 60 o., u.; Himmelhuber: Seite 24 mi.o., u., 69 li.o., li.u., re.; IPO: Seite 19 re., 26 o.li., o.re., mi.; Kögel: Seite 13, 15, 77 o., 163, 169 mi., 171 mi., 172 re., 179 re.; Kremer: Seite 24 mi.u., 25 o.; mein schöner Garten (msG)/ Jarosch: Seite 45 li.u., 180; msG/Franke: Seite 39 mi.u.; msG/Kögel: Seite 7 u.mi., 147 re.; msG/Krieg: Seite 182; msG/Nordheim: Seite 47 mi.; msG/ Stork: Seite 16 o., 27 re., 33 mi., 36, 40 u., 48 o.li., 49 mi., re., 59, 158 u., 162, 168 u.; Morell: Seite 131 re.; Nickig: Seite 7 o., 44 o., 76 mi.u., 84-88, 90, 91, 94, 95, 96 li., re., 97, 98, 99 re., 100, 101, 102 re., 103-105, 108, 109 mi., re., 110-113, 116-118, 119 li., mi., 120, 121, 125 li., mi., 126, 127 li., mi., 128, 129 re., 130, 131 li., mi., 132, 133, 136, 138 mi., re., 142-145, 152 li.o., 153 re., 154, 155 mi., re., 159 re., 168 o.li., o.re., 169 li., 173 re.o., 176 re., 177 mi., 184; Redeleit: Seite 16 mi.o., mi.u., u., 17, 18 o.li., o.re., 19 li., mi., 26 u., 27 li., mi., 32, 33 li., re.o., re.u., 37, 38, 39 li., mi.o., re., 40 o.li., o.re., 41-43, 45 li.o., mi., re., 50-55, 58, 62 o.re, u., 63, 64 li., 65, 68 li., 70-73, 75; Reinhard: Seite 24 o., mi., 25 mi.o., mi.u., u., 82/83, 159 li., 177 li.u.; Sammer: Seite 64 re., 68 re., 69 mi.; Schaefer: Seite 60 mi.o., mi.u., 61; Schlaback-Becker: Seite 176 li.; Schneiders, U.: Seite 76 o., 92/93; Seidl: Seite 99 li., 148/149; Stork: Seite 6 li., 9 re., 18 u.li., u.re., 22, 23, 46, 47 li., re.; Strauß: Seite 150, 158 o.li., o.re., 159 mi., 160/161; Tschakert: Seite 170 o.re., 171 li., 178 o.li., 179 li.o.

Dank

Fotografen und Verlag danken den Gartenbesitzern und Firmen für ihre Unterstützung, insbesondere: Modellgärten Jan Boonkamp, Borne, NL; Die Gartengalerie, Walzbachtal, BRD; Loes Langendijk, Bergen a.Z., NL; Familie Rutgers, Arnheim, NL; Mien Ruys, Stichting Tuinen, Dedemsvaart, NL; Hans und Elly van Steeg, Dinxperlo, NL; Sijtje Stuurman, Bergen, NL; Berty Timmermans, Wouw, NL; Paula Voute, Sleeuwijk, NL; Westfalenpark, Dortmund, BRD; Dimi Wolt, Wouw, NL.

Impressum

Redaktion: Dr. Michael Eppinger
Lektorat: Sonnhild Bischoff, Jolanda Englbrecht
Layout: Christine Paxmann
Satz: L & G 1000 GmbH, München
Herstellung: Verena Römer
Reproduktion: Fotolito Longo
Druck: Appl
Bindung: Conzella

ISBN 3-7742-3696-8

Auflage	8.	7.	6.
Jahr	2005	2004	2003

Gang durch das Gartencenter